鈴木賢治 著

七転八起

学びを回避する学生の理解と支援

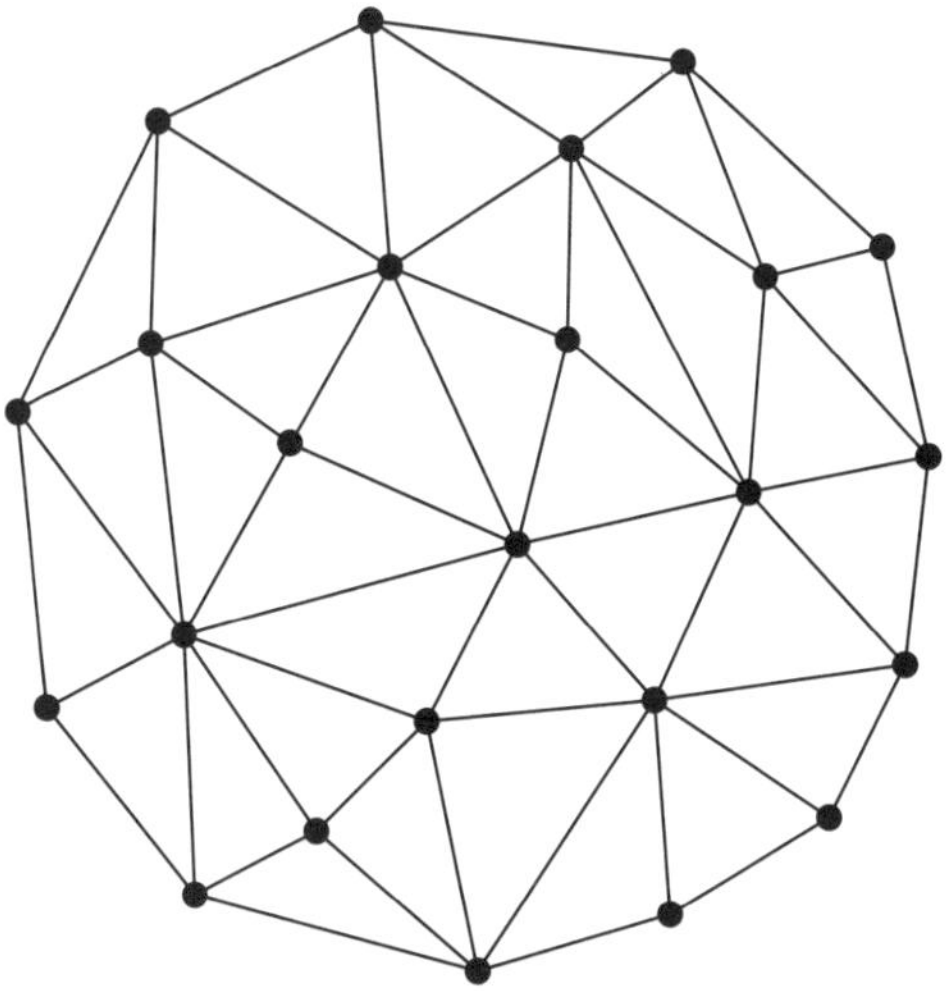

オフィス HANS

序― 学業回避と大学生の「こころ」

学ぶ意欲が低く、授業を欠席し、単位取得はままならず、留年を繰り返す。サークルやアルバイトなどの副業は問題なくできるが、本業には意欲が感じられない。大学教員であれば誰でも、このような学生を見かけることがある。その学生が、紆余曲折を経ながら、やがて自力で回復していくのであれば、心配は無用である。しかしながら、このような学生を放置していても改善する見込みは少なく、留年を繰り返した後に退学や除籍となり、大学を去る例もある。これを仕方のないことと考えてしまうしかないのであろうか。本書は、このような現状を何とか打開するために、困難を抱えた学生に対して、私たちの解釈を変えて、どう向き合うべきかを考えたものである。そして、当該学生や保護者にも参考になると思う。また、将来の大学生を送り出す学校教員の方にもぜひ本書を読んでいただきたい。

本書では、退学や除籍をもって解決とするのではなく、何とか大学生活のなかで自己変革を遂げてほしいと考えている。地方国立大学であれば、それなりの可能性を持って大学に入学して来るはずである。しかしながら、自立を前提とする大学生活を送ると、入学前から抱え込んでいたものが吹き出してくる。まさかと思う結果になって気が付いても、治す方法も薬もない。専門家もいない。どのようにすべきかの答がない。しかし、この傾向は減少に向かうとは思われない。ますます拡大する傾向を感じるのは、私だけではないと思う。また、大学だけでこの問題を解決できると思っていないが、大学で解決の端緒を明らかにすることは可能ではないだろうか。

大学教員として三六年間、多くの学生の入学から卒業までを見てきた。そのほとんどは意欲的に学び、しっかりと学業を修め、社会へと巣立っていった。そして、各自の職場、家庭と地域の一員として立派に責任を果たしている。しかし、学業に困難を抱える学生もいる。このような学生のケース・スタディも経験してきた。行き過ぎた指導と称して注意されるリスクもあるが、生来のお節介も手伝い、つい介入してしまうと、学ぶこともあるし、いろいろな事例を経験し理解を深めてきた。学業を回避する学生は、日本全国を見渡せば決して少ない数ではなく、相当数に上るのではないだろうか。

一方で、それにいちいち対応することは、大学教員の職務範囲ではない。それを要求されても甚だ心外であるという、厳しい意見が教員の内部にある。実に難しいことであるが、その回答がないわけではない。このような問題の解決は、当該学生と指導教員の信頼関係のなかで成立するのであり、外から押し付けられるものではないということである。

「こころ」の問題はそもそも、思想、信条の自由、良心の自由と同じ自由権にかかわることである。この前提をよく理解して本書を読んでいただく必要がある。本書は、あくまでもこれに共鳴し、賛同できる人たちのなかでしか役に立たない。

学業で抱える困難の原因は、実際は多様である。家計や病気などもあるし、本人の進路や生き方と関係する。本書では、学生の「こころ」に関係して学業に困難を抱えている学生を対象にして、「こころ」の発達と機能について考え、さらに当該学生の理解と克服について臨床的な検討をまとめた。

ここでは、「こころ」というものを心理に限定するわけでなく、その人間の物事の解釈と意志、行動の全体を包み込んで考えている。ある種のその人らしさであることから、また私自身が専門家でもないことから、「こころ」と曖昧に表記した。「こころ」とは、人生の意味を解釈し、目標と方法を選択して行動させる機能と考えてもらいたい。

当然のことながら、筆者は精神医学、心理学、教育学の専門家ではない。学生の教育研究の指導をする実務経験しかない。その浅学非才を顧みずに本書を著わしたので、その謗りを免れないことを覚悟している。もし、不適切な用語や誤った理解があったら、この場をお借りして深くお詫び申し上げる。

二〇一八年七月　　　　鈴木　賢治

目次

第一章
「こころ」の発達

なぜ「こころ」が必要なのか

草や木は、養分の多い土地に自ら移動することはできない。枝を切りに来た人を避けて逃げることもできない。だから、動くことがない植物は「こころ」を必要としない。それに対して、動物は餌を求めて移動しなければならない。敵から逃げることも必要である。だから、動物には何らかの「こころ」という機能が必要となる。

このように考えると、「こころ」は動物にはなくてはならない生命的機能である。人間は、「こころ」が不全であれば、社会生活に困難をきたす。学生であれば、学業に対する「こころ」の機能がうまく働かなければ、大学生活は大変なことになる。端的にいえば、「こころ」は、目標とその方法を決定する。「こころ」が人間の目標と方法を決定し、それに従い身体が活動することで一連の行動となる。「こころ」の働きが芳しくなかったり、その判断や決定に不調があったりすれば、人間の生活や仕事がうまくいかなくなる。学生の問題行動の解決には、すべて「こころ」を自ら深く理解・分析する必要がある。

本書で使う「こころ」とは、「心理」、「精神」、「人格」といわれるものであるが、ここではそれらを明確に切り分けないで「こころ」を使用する。たとえば、「こころ」の機能は、抑制や頑張りの面からは、精神力、意志力とも考えられるし、判断・選択では世界観、価値観、人格とも考えられる。「こころ」は、事物を解釈して、目標と方法を決定し、ライフスタイルを司っている。「こころ」を理解し、改善することは、人生を切り拓くうえで大事なことである。

「こころ」のコアの形成

人間は、「オギャー」と産声とともに誕生する。そのとき、「こころ」というものはほとんど形成されていないだろう。しかし、おっぱいを飲み、おしめを替えてもらい、語りかけられる過程で、一つ一つの刺激と反射を繰り返しながら脳に情報をため込んでいく。乳幼児は、あらゆる経験を言葉もなく、何の知識もなく解釈しなければならない。

まったくの他人の私たちが小さい赤ちゃんをあやすと、赤ちゃんは興味を持っていつまでもこちらを見つめる行動を取る。こちらが笑顔を返すと、赤ちゃんは安心できると判断し笑顔を返す。こちらが表情を変えないと、赤ちゃんは不安になり泣き出す。○歳の赤ちゃんの「こころ」でさえも、何らかの解釈を試みようとして、私たちをじっと見つめるのである。

子どもは、そのあらゆる経験に対する解釈・理解を大胆に絶え間なく無意識に行なっている。その解釈が正しいか間違っているかは関係ない。その経験も解釈も、子ども自身の記憶には何も残っていない。でも、その経験と解釈を積み重ねて「こころ」が形成される。自分の経験を記憶し、その解釈の意味を言葉で語れるのは、言葉を持ち合わせているからである。それが獲得されていない乳幼児期においては、乳幼児が言葉を活用することは困難なので、「こころ」の形成について言葉を通して知ることはできない。しかし、乳幼児の行動の観察から「こころ」を知ることはできる。

言葉を獲得していない乳幼児期においても、「こころ」の根幹が形成されていることは、重要な意味を持つ。この乳幼児期を過ぎて五歳くらいになると、すでに子どものライフスタイルがかなり形成されていることは、親も保育者も気が付くものである。

このように絶え間ない日常生活を通して、心のコア(核)が形成される。そのコアが基盤となり，その子どもなりの解釈と選択が生活のなかで行なわれる。さらに、親、家族、教師、友達など周囲とのかかわりのなかで、多様かつ個性的な経験を通して人間として成長、発達する。人は、自分で意味付けした世界のなかで生きている。自分の経験に対して、どのような意味付けをしたかは誰にもわからないが、その行動にどのような意味付けをしたかが現われる。各自の人生の解釈である「こころ」には、正しいことも間違ったことも混ざっている。

私たち大学教員が遭遇する学生は、ちょうど青年期前期[1]を終えて青年期後期に入ろうとする時期である。親や学校の規制や関与がなくなるので、まさに入学前までに形成されてきた「こころ」の素顔が鮮やかに現われるといった印象で大学生について語ることができる。人間として問題のない学生も多いが、少なからず社会に出て行く準備がなく、停滞と退却を示す学生がいる。このような学生をどのように理解し、指導するかを専門とする教員はいない[2]。また、学生自身も病気という意識がないので、精神科医師を訪ねることも少ない。相談したとしても、それを専門としている精神科医師が果たしているだろうか。

青年期になり問題行動が目に付くようになることもある。それが思春期により始まるというよりは、子ども時代の解釈・理解に問題があり、思春期になってそれが現われたと理解することもできる。親の育て方にも一因はあるが、それだけではなく、本人の人生の解釈に問題がある。共依存の場合は[3]、保護者との関係を改善する必要もある。本人が幼少期の理解・解釈を謝っているから、今更仕方がないという決定論的な立場は取るべきではない。理解・解釈の誤りを自ら認識し、誤った解釈を変えることで解決、成長するという考え方が大切である。

学生の行動を観察し、彼らと対話することで彼らの「こころ」が事物をどう理解しているかを知ることができる。意外と誤った理解が多かったり、事物の捉えかたが未熟であったりする。その誤りを直すことで、問題の解決に導くことができる。

人生の課題

前述のように、それぞれの経験を通して、物事を解釈して「こころ」は発達する。「こころ」の発達は、ただ自由に発達すれば良いのでなく、「こころ」の発達に必要な柱もある。アドラー[4]は、それを三つの課題としてまとめている。[5]

1　青年期前期は思春期ともいわれる。

2　相談窓口の職員や担当教員はいるが、あくまでも対応の窓口であり、担当者が問題を抱えた学生の治療に専念するわけではない。カウンセリング(面接相談)などを行なうが、責任を持って治療するところまでは期待できない。

3　共依存とは、互いの人間関係において相手との過剰な関係性に縛られている状態のこと。たとえば、何から何まで親の世話になっていることで優越性を満たそうとする子どもと、子どもの過剰な要求を受け入れることで自分の存在価値を見出すような母子関係である。親が子どもの自立を妨げている。

4　アルフレッド・アドラー(一八七〇〜一九三七年)は、オーストリア出身の精神科医、心理学者である。個人心理学の創始者。世界で初めてウィーンに児童相談所を設立し、教師や親の助言に尽力した。また、ウィーン市の教育研究所の治療教育部門教授として、教員の研修にも努力した。詳細は参考図書に記されている。

①人間は、地球とその自然のなかに生きている。地球以外で生きることはできない。人類は地球の自然に働きかけ、衣食住を維持している。仕事、労働も地球に生きている人の営みである。

②人間は孤独では生きていけない。「他者」[6]の存在が必要である。人間は、弱さ、欠点、限界があるので、他者と結び付いて生きている。[7]

③人間は二つの性でできている。愛、結婚、家族をはじめ人間社会での行動にも性をより良く生きる必要がある。

人間は地球の表面に張り付いて生きている。地球の環境のなかで生かされている。水も、息をすることも、食べるものも、着るものも、すべて自然の恵みから得ている。すべては、自然の法則に則ったことしか起こり得ない。そのことを認識しなければならない。あまりにも便利になり過ぎ、保護された生活をしていると、そのことを忘れてしまう。資本主義社会にどっぷり浸かっていると、お金さえあれば生きていけると勘違いしてしまう。人間は、要求しても何も手にすることはできない。自らの手ですべてつくり出さなければならない。自然をしっかり認識している子どもたちは、きっと健やかに育つ。

ルソーは、自然、事物・経験および人間の三つの教師のなかで、自然という教師が最も人間にふさわしいと述べている。自然は、体も心も成長・発達させてくれるはずである。

自然は、私たちをたくましい、強い人間に育て上げる。「こころ」が、地球という自然をどのように理解するかは大切な意味を持つ。人が変えられるものと変えられないものを見分けるには、自然という普遍的なものを厳格に理解しなければならない。そうすれば、私たちの「こころ」は、変えられるものを変える勇気と、変えられないものを受け入れる謙虚さと、それを見分ける賢さを持つことができる。

人間は社会的動物である。小さい頃から言語能力とコミュニケーションを発達させ、社会生活を営めるように「こころ」は発達する。もし、自分一人しかいないのであれば、言語は不要であろう。言語は人間の特徴であり、いかに人間は他者を必要としているかを教えている。社会の仕組みや人間性も発達させなければならない。アドラーは、人間のすべての問題は、仕事、人間関係、性に分けられると述べている。各人が、この問題にどう反応するかで、人生の意味についての自分自身の「こころ」の解釈が明らかになる。[8]「社会」というと抽象的である。個人から見れば、社会は具体的には「他者」という姿で

5　課題という表現の他に、絆という表現もある。人間とのかかわりという面から見ると、絆という理解をしてもよい。
6　教育学、心理学において、他者とは重要な意味を持っている。
7　この真実についての気付きが、自我の形成・成長（感謝、尊重など）につながる。
8　解釈を隠そうとする行動からコンプレックスがわかる。

現われる。他者が自分の視野に入り、他者を理解できることが大人になるということにつながる。「生きづらさ」を抱えた人は、他者との絆、他者の理解の形成に課題があることになる。その場合、自己中心的な振舞いが目に付く。学業に問題を抱えた学生の「こころ」は、約束を守らず、責任が果たせない。方針をどこかに忘れ、勝手な解釈をしている。このような例は枚挙にいとまがない。社会という課題は、後述する「共同体感覚」の形成とも関係する。

人間は、二つの性でできている。家庭、社会生活でも男女の性による役割をどう解釈するかは、生きていくうえで大きく作用する。「幽霊が出た」という場面でも、女なら「キャー」といって彼氏に抱き付くことはできても、男の場合はそうもいかない。かといって、女は男に保護されるものであると解釈したら、男に依存することを当たり前と思うようになる。

人生の目標と生き方(方法)の選択にも、性の理解が大きく影響する。性の理解は親子関係、家族関係を通して「こころ」の発達とともに形成される。思春期になって性の問題がある場合、それまでに形成された人間関係の理解の延長にある。友人などの人間関係がうまくいかない人は、異性関係においてもトラブルを抱えやすい。性教育の根底には、人間として性をどう理解するかが重要である。

これらの三つの課題に対する正しい解釈ができていないと、「こころ」に問題を抱え「生きづらさ」を感じることになる。「生きづらさ」はストレスになり、本来の目標を回避したり、先送りしてしまう。思うようにいかないときに、パニックを起こしたりする例もある。また、課題から逃避する補償行動として[9]、サークルやアルバイトにのめり込むこともよく見られる。

共同体感覚

先の三つの課題について誤った解釈をした学生は、大学生活の本業である授業に困難を抱えることになる。講義の欠席、レポートの未提出、試験の放棄などに顕著に現われる。友人との人間関係の形成、異性関係でも少なからず問題を抱える。特徴的なことは、関心は自分にだけ向けられ、他者の存在が視野に入らないことに顕著に現われる。

このような学生は、共同体感覚が育っていない。真の「人生の意味」は共通の意味を持っている。共同体感覚とは、他人も共有できる意味、納得できる合理的理由、人類の普遍的

9 補償行動は、あることで劣等感を持つとき、その劣等感を補うために他の事柄で優位に立とうとする行為である。たとえば、学業を回避する代わりに、サークルやアルバイトなどの学業以外で優越性を得ようとする。

原理ともいえる。本来の人生の意味は、全体への貢献である。何らかの形で自分を社会に位置付けることで、自分の存在の意義が自覚できる。「こころ」に問題を抱えた人は、共同体感覚の形成が不十分である。自分の行動の理由付けも希薄である。結果として、彼らの「こころ」が選択する目標と方法には不統一が見られる。

人が困難に直面したときには、それらを他者の幸福と一致した方法で克服しようとする。それは、共同体感覚なしにはなし得ない。人類社会においては、人類の幸福に貢献したものが受け継がれている。人生の意味は、共同体感覚と愛を発展させることである。共同体感覚が根付くと、協力することができるようになる。社会に貢献するためには、協力して物事を達成する場面が多い。

成長の過程で、他者と協力しながら目標を達成する経験は、「こころ」を大きく成長させる。協力するには共同体のなかでの自分の立ち位置が見えていることが必要である。倫理とは、他者の幸福を考えるという意味を持っている。自分の行為が、他者つまり人類の幸福に合致していることで倫理に則していることになる。ゆえに共同体感覚を有する「こころ」は、倫理性にも適っている。

対等平等の哲学と協力

共同体感覚は、社会のなかに自分を位置付け、その役割を自覚して、自分の目標と方法を正しく選択できる「こころ」を意味する。その根底にある哲学、すなわち社会の見方、考え方を育てるために何が必要なのであろうか。共同体感覚を育てるためには、対等平等の人間関係が必要である。上下の関係は、支配と被支配の縦の人間関係であり、本当の共同体感覚にはならない。横の人間関係があって、初めて共同体感覚が育つ。

職場や社会にとどまらず、学校や家庭でも競争社会が蔓延する。スポーツにおいても、競技者、国家間の競争の祭典と化している。素晴らしいプレーを褒め称えるよりも、メダルを何個取るのかを目標にしている。スポーツの目的がファインプレーかメダルか、正気の判断ができないところに、競争が「こころ」を歪める作用を見て取れる。選手まで「必ず金メダルを取ってきます」と、根拠もなく公言してしまう。競争は縦の人間関係である。縦の人間関係は、歪んだ劣等感や優越性の温床となる。競争は他者を排除する。やはり、共同体感覚を育てるには、横の人間関係が大切である。

横の人間関係から生まれるものが、他者との信頼関係である。他者を信頼することは、共同体感覚に必要となる。他者を受容することで、社会の見方が変わってくる。周りを信頼できないと解釈するか、周りを自分の援助者と解釈するかで、目標や方法の選択が大きく変化する。意地の悪いことをする人もいるが、助けてくれる人もいる。忠告をアドバイスや援助と受け取るか、文句をいわれたと解釈するかは、他者を信頼できるか否かである。

学生を助けてやろうと心配して、様子を聞いたりアドバイスをしても、こちらをうるさい教員と解釈して避ける学生を救うことは難しい。そのような学生は、甘やかす教員を好む傾向が強い。また、彼らから見れば、学生に対して無関心な教員のほうが都合が良い。かつての学生と比較して、今時の学生は、縦の人間関係のほうが支配的なのであろうか、それとも人間関係そのものが希薄なのであろうか、つい考えてしまう。いずれにしても、対等平等の横の人間関係が育たないと共同体感覚が醸成されず、生きづらさが増す。

横の人間関係が構築されると、初めて協力ができるようになる。横の人間関係、すなわち他者との信頼関係ができ、社会における自分の役割と貢献が理解できるようになると、協力することができるし、他者の協力を得ることもできる。このようにして互いに支え合う自覚が生まれると、よりしっかりした共同体感覚が形成される。それが基礎になり人格が形成され、人生の目標と方法を正しく選択できるようになる。乳幼児の他者との関係も、最初は母子関係から始まる。やがて、母親が他者との人間関係を広げることを通じて、子どもは家族や保育士へと人間関係を広げることができるようになる。

近年、「いじめ」が社会問題となっている。いじめ自体も問題であるが、いじめは縦の人間関係であると同時に横の人間関係を破壊し、共同体感覚の形成に悪影響を及ぼすことも見逃せない。他者への信頼が形成しにくい競争社会の現われが、いじめの一因でもある。加えて、競争の低年齢化は、「こころ」の共同体感覚の形成にマイナスとなる。競争社会は、現代の学生の「こころ」の形成に大きな影響を与えている。過度の競争を避け、協力することを教える方向に舵を切る必要がある。

個人主義と権威主義

社会組織、人間関係の本源を遡ると、人間関係の思想を個人主義に置くか、権威主義に置くかで大きく分かれる。個人主義の思想では、一人一人の価値観や考えが尊重され、人間としての権利が守られて、その総体としての社会が構成されている。その総体の方針は個人が真摯に責任を持って考え、皆で審議し方針を選択することで意志決定される。

議会制は議員により構成される代議制を取っているが、議員の政治生命は厳粛な国民の信託によるものであり、一人一人の国民に由来する。個人主義は、政治学的には民主主義という組織原則に立脚している。ゆえに、民主主義の根幹は、個人主義がしっかり根付いている必要がある。共同体感覚の思想は個人主義に合致している。つまり、共同体感覚の基本は横の人間関係であり、個人主義の思想に原点がある。

人がどのように事物を解釈・理解するかは、本人の自由意志に基づいている。個人の尊重に委ねられているので、どのような社会を理想とするか、どのような価値観を持つかは自由である。しかし、それと同様に他者の権利や価値観も保障されなければならない。各自の権利と他者の権利をともに認められる。このことは共同体感覚でも原則となる。

一方、人間関係の基本を権威主義に求めると、人間は権威により物事を理解・納得することになる。先生が生徒より権威があると考えれば、生徒は先生のいうことに従い行動する。戦前は天皇が元首であり、すべての人は天皇に従い行動した。家においては家父長が権威であり、家族は父親に従い、父親は家父長として家族を守らなければならなかった。

これは戦前の話であるが、現在においても職場、地域でも、権威というもので社会が構成されている面があることは否定できない。まさに縦の人間関係である。権威主義の思想に基づく社会体制は全体主義へ行き着く。個人の権利よりも、全体の方針が優先される。組織のために個人が働くことになる。部活動などで自校のチームが勝つために、部員が犠牲になる学校社会の感覚は、典型的な権威主義である。ただし、自発的な意志による権威までも否定する気はない。個人の自由意志で人を尊敬したり、権威と認める気持まで否定するわけではないし、個人の気持を尊重しなければならない。

このような権威主義で育った人間は、偏差値の高い大学は権威があり、偏差値の低い大学は権威がないと感じる。就職でも、どの会社が権威があるかを気にする。職場でも、縦の人間関係しか理解できない人は、平気で管理職に取り入るし、自分が管理職になれば、部下の考えなど聴く耳を持たない。肩書きだけで中身のない権威(本人はそう思っていない)に皆が従うものと勘違いする。

確かに、平等の概念の歴史は浅い。基本的人権、権利という近代社会の概念が生まれる以前から原始共同体までの長い歴史を遡ると、将軍、王侯貴族または神が権威であり、縦社会の国家であった。奴隷制社会から資本主義社会まで階級社会を形成してきた。今日においても、法的には平等の精神を建前としているが、所得による階層差を見れば、厳然とした格差社会である。民意が生かされているかを考えると、政治的にも民主主義が確立しているとはいいがたい。

自民党の憲法改正案では、個人主義から権威主義へと社会を後退させる内容になっている。[10]

10 自民党憲法改正推進本部に掲載されている日本国憲法改正草案では、現行の第十三条「すべて国民は、個人として尊重される」を「全て国民は、人として尊重される」になっている。国民はヒトとして一括りされ、これでは個人主義を完全に否定している。

学校教育においても、個人主義よりも権威主義に重きを置く風潮が強まっていると感じるのは私だけであろうか。「子どもは叱るのではなく、褒めれば育つ」ということも耳にするが、叱るのも褒めるのも、典型的な縦の人間関係であることに注意しなければならない。褒めることは上から目線の行為であり、褒められるほうは権威を意識する人間となる。このような権威主義の風潮が強まると、自己の主張を持たなくなり、「こころ」の健全な発達が損なわれる。

人間的成長の障害

前述のように「こころ」は、個性的かつ自由に物事を解釈する。しかし、その発達・形成に欠かせない課題もある。次に考えなければならないことは、共同体感覚が形成されているかである。共同体感覚の形成を阻害することがあれば、「こころ」の発達に歪みを生じる。今日の社会においては、共同体感覚が発達しにくい社会環境がある。人生や物事の解釈を誤りやすい風潮もある。

たとえば、ますます便利な社会になると、誤った解釈をしてしまう危険もある。かつて、車庫の電動シャッターに足を挟まれ足が抜けなくなっている小学生を助けたことがある。

電動シャッターの開閉を車内からリモコンで操作して出庫している様子を見て、何かが挟まれば自動的に止まると解釈し、試しに足を入れて挟まれたという。何でも安全が確保されていると誤った解釈をしてしまう「こころ」がそこにある。

受験競争が必要以上に煽られている一方で、大学に合格すれば解放され、勝手気ままな大学生活をエンジョイできると勘違いする学生もいる。大半の学生は、経済的にも勉学でも厳しい生活をしている。テレビをはじめとするマスコミは、大学がレジャーランドであるかのような幻想を与えたり、大学生がサークルやアルバイトをしてエンジョイするところばかりを取り上げて、大学生活の現実をリアルに伝えてはいない。真面目に学業をやっている学生には目もくれない。結果として、大学生活の真の姿を理解することは大変難しい。学生が大学生活を生き抜くためには、大学に対する幻想を否定して、現実を直視する「こころ」を持つことが必要である。

大学生は、規定では四年間で最低一二四単位を取得して卒業しなければならない。大部分の学生は、一四〇単位は取得しているだろう。四年生になれば卒業研究と就職活動などがあるので、ほとんどの単位を三年生までに取得する。資格や免許状も取得しなければならない。学業をしっかりできない学生は、アルバイトやサークル活動をする余裕はない。

一方で、協力するという経験や指導が少なくなっている。協力は、共同体感覚を養うために必要なことであり、それが薄れた社会は共同体感覚を持ち合わせない人が増えていくことを意味する。地域の力も落ちている。各家庭が個々バラバラであり、他者に関心を持たないように気遣いながら生活するようでは、協力や助け合いも難しい。確かに災害が起これば、たくさんの人がボランティアとして協力している姿を見ると、まだ日本も捨てたものではないとホッとするときもあるが、日常生活ではなかなか見られない。

生育過程において、「こころ」の発達に問題を抱える場合がある。アドラーは、その原因となる主なものについて次の三つのことを指摘している。

①歪んだ劣等感と優越性

②甘やかし

③虐待と無関心

生育においてこれらのことが「こころ」に誤った解釈を与えてしまい、その結果、正しい目標と方法を選択できず、困難を抱えてしまうことを指摘している。人生の誤った解釈により共同体感覚の形成を阻害することがある。育児や教育において、そのような問題がないように、大人は配慮しなければならない。また、誤った解釈があれば、その解釈を訂正できるように何らかの手立てを取ることが大切である。学生が獲得すべき目標は、自立および社会との調和である。この目標に向けて、人生の解釈を誤る「こころ」の要因を知り、それを克服・改善しなければならない。
以下、その三つの原因について述べる。

劣等感と歪んだ優越性

人間の心のなかには、潜在的に劣っているという気持がある。劣っていることを認識し、それを克服しようとすることは、何ら問題のない自然なことである。[11]劣等性から優越性への追求が自然な「こころ」の働きである。赤ちゃんは、生後三か月までは見たい方向に顔を向けられないが、そこに顔を向けようとして努力して寝返りを獲得する。[12]立てない自分から両足で立てるように努力する。誰でも、自転車に乗れなかったのに、何度も倒れながらようやく自転車に乗れるようになった感動を覚えているはずだ。人間は常に、劣等性を

11　フロイトはリビドー(性的欲求)をパーソナリティの基礎に位置付けた。これに対して、アドラーはパーソナリティの基礎に劣等感を位置付けた。この点が個人心理学(アドラー心理学)の特徴である。個人の心理を理解するには、この視点が大切である。

12　生後三か月までの乳児は、頭を横に向けたほうと同じ側の腕と脚が伸び、反対側の腕と脚が曲がる。この動きを「非対称性緊張性頸反射」(ATNR)という。原始反射であり、生後四か月から消失するようになる。

克服する方向に行動して発達する。

劣等感がそもそも悪いということではない。しかし、劣等感が異常に高められると「劣等コンプレックス」となり、安易な補償行為を取ったり、見かけだけの満足を求めるようになる。たとえば、身体が小さかったり、虚弱であるために、運動能力が人よりも劣っていると、読書や勉学で優越性を示そうとする。確かに勉学で優越性を示すことができるかもしれないが、運動の面での身体能力は獲得しないままである。

算数の成績が悪かったとき、算数の勉強を頑張り、よくわかるようになれば、劣等感から優越性に向かう好ましい行動である。算数についても自信が持てるようになる。しかし、算数が好きでないとか、算数は自分に向いていないと言い訳をして、算数を避けようとする行動は、劣等コンプレックスとなる。自分にとって必要なものまでも避けている場合は、劣等コンプレックスとなる。

学業に困難を抱える学生は、学習に対する劣等コンプレックスを持っている。その結果、サークル活動やアルバイトなどに回避して学習を軽視する。サークルやアルバイトで、学業の課題を解決できないにもかかわらず、それにのめり込んで行くのは、それらに誤った優越性を感じていることによる。このような生活を見直すように働きかけ、学業に意欲を持ち努力をするように、どのように働きかけるかが大切となる。劣等コンプレックスを取り除くには、再び自信を取り戻すように、配慮や努力することが肝要である。すべての子どもが優越性を追求する。この努力が実りある有用なものになるように導かなければならない。共同体感覚を持たない子どもたちは、優越性の追求の努力を適切に用いることの準備がされていない。共同体にとって何が有用かは意見の相違はあるが、共同体の利益と一致しない優越性は「歪んだ優越性」である。歪んだ優越性は、優越性が保てなくなると劣等コンプレックスへとシフトすることになる。

　歪んだ優越性の例を考えよう。プールの指導で、担任の先生の支援を引き付けておきたいという目標がある子どもは、泳ぎを身に付ける方向には到底向かわない。泳げるようになる目標はそもそもなく、水を怖がることで先生の注意を引き付けておくのが目標である。結果として、いつまでも泳げず、水を怖がるばかりである。担任教師は、泳げない子どもにますます手をかけるようになる。劣等コンプレックスを持つ子どもは、どんどん泳げるようになって、先生の注目を引き付けようとはしない。

　このような劣等コンプレックスや優越コンプレックスにおいては、本人が人生の解釈の誤りに気が付くことで、初めて正しい目標と方法の設定ができ、改善が始まる。自分の小さいときのことを思い出し、劣等コンプレックスや優越コンプレックスについて考えてみることは有用である。[13]

たとえば、両親と子どもの兄妹が真夏の暑いなかを歩いていることを想像しよう。兄は父親にしがみ付いて、抱っこされて喜んでいる。妹のほうは、母親と手をつないで頑張って歩いている。兄の「こころ」は、親に甘え、妹よりも楽をしたことに優越性を見出している。一方の妹の「こころ」は、抱っこされるより自分の足で歩くことが優越性と考えている。まさに、人生の解釈の違いで優越性の見え方が違ってくる。

このように本人が意図しない幼い頃の人生の解釈により、性格や人生がつくられていく。その後、この兄妹がどのような人生をたどるかは誰も知る由はない。だが、本人や親の「早期回想」を通して、自分はどのような「こころ」を持っていたのか、気が付くことは可能である。その早期回想の断片から、自分の「こころ」の改善に生かすこともできる。

物事や行動に対する解釈の違いで、劣等感と優越性の見え方が変わってくる。本人が誤った解釈を自覚し、それを正しい解釈に変えられるように導くことが大切である。

甘やかし

幼少期に、機嫌を取るために要求したものが与えられ、甘やかされて育った子どもは少なくない。そのような経験を通して、何でも思い通りになると人生の意味を間違って解釈することもある。[14] 欲しいものが与えられるが、実はそれに値する働きはしていない。買い与えられたり、安易に褒めてもらえる時代は、あっという間に過ぎてしまう。やがて、本人は注目の中心でなくなり、本人に気配りするに値しなくなると困惑する。[15] 学校に入学すれば、自分の達成度や努力の程度は明確にわかるようになる。

ルソーはその著書『エミール(上)』で「子どもを不幸にするいちばん確実な方法はなにか、それをあなたは知っているだろうか。それはいつでもなんでも手に入れられるようにしてやることだ。すぐに望みがかなえられるので、子どもの欲望はたえず大きくなって、おそかれはやかれ、やがてはあなたがたの無力のために、どうしても拒絶しなければならなくなる。ところが、そういう拒絶になれていない子どもは、ほしいものが手にはいらないということより、拒絶されたということをいっそうつらく考えるようになる」と述べている。

13　幼少期の記憶から、何をどのように解釈しているのかを思い出すことで、自分の抱えている問題が明らかになることもある。これを「早期回想」という。子ども時代の早期回想は、ライフスタイルの全体や構成やその部分を知るための貴重な断片を与える。

14　甘やかされた子どもは、自分の思う方向に自ら努力しない。思い通りになるように他者に要求する。

15　このことを「承認欲求」という。誰でも認めてもらいたい、理解してほしいという気持を持っている。しかし、それだけが目的となると、歪んだ優越コンプレックスとなる。

甘やかされて育った「こころ」は、やがて世界は自分を見捨てたと意味付けするようになる。そのように解釈するのは、実は受けることの訓練をしてきたのみで、与える訓練をしていないからである。甘やかされた青年は、自分で努力すること、貢献すること、協力することを学んでいない。彼らを安易に褒めても、機嫌取りや甘やかしにしかならない。真に大切なことは、自分の正しい理解である。自分の役割を自覚し、どのような貢献をすべきか、そのための行動が正しく認知できる「こころ」が必要である。

甘やかされて育った「こころ」の最大の問題は、困難への対処方法を知らないことである。講義がさっぱり理解できないとき、正常な「こころ」は何とかしなければならないと認識し、予習・復習をしたり、演習をする。当然、本を買って読んだりもする。甘やかされて育った「こころ」は、それができない。何の根拠もなく、誰かが何とかしてくれると解釈したり、来年聴講すれば単位が取れると勘違いする。「就職すれば卒業させてくれる」と本当に思い込んでいる学生もいる。

どこの大学を見ても「採用内定を得た学生は卒業させなければならない」という学則はない。大方の学生は単位取得も十分で卒業見込みがあり、そのうえで採用内定を得ている。しかし、自分と他者を同一視して、自分を客観的に見ることができない学生は、他者を見て自分も同じと解釈してしまい、採用内定を得られれば卒業できると自己中心的に解釈してしまう。これではすでに正気とはいえない。このような状態では、当然ながら留年の危険がある。

「こころ」が、困難の解決のために客観的に事態を理解して、困難の克服に向け、努力をする方向に舵を切らないと、どうなるのであろうか。たとえば、何の努力もなく、自分の望むことを要求し、それが実現しないと本人の状況が改善しないと思い込むようになる。そうして、自分の要求を受け入れなければ、共同体の人はすべて自分の敵であると感じるようになり、自分は被害者であると感じる人もいる。

　ごまかしが通用しない教員に対しては、自分に都合の良いところだけ切り出した事例を相談室に訴える。欠席を繰り返し、試験を受けず、単位を取得できない学生がいて、朝起きられない病気であると保護者は主張し、単位不認定は差別であると訴えて単位を要求する。しかし、午後の授業も欠席しており、それでは辻褄が合わない。

　また、親子で答案を持ってきて、点数を上げるように要求する例もある。高校までは親が子を甘やかすが、大学生になると学生本人がモンスターの親から学習し、自らもそれを利用することもある。行き過ぎた要求は、モンスターペアレントに代表される事例となる。とある高校では、モンスターペアレントと学校の間に挟まれて、生徒が自殺に追い込まれる痛ましい例もある。[16]

他方、「甘やかし」と関係して、「罰」にも気を付けなければならない。甘やかされた人間においては、罰は「すべての人は自分の敵である」という考えを補強するだけであり、良い方向には向かわない。罰するのではなく、ライフスタイルの誤りを明らかにすることが大切である。正しい批判は大切であるが、それを受け止められるかは本人の理解の問題である。正しい指摘でも本人が理解しなければ意味がない。正しい指摘が受け入れられる「こころ」であれば、問題はないのである。

いずれにせよ、自らライフスタイルの誤りに気が付き、それを修正することで回復に向かうしかない。本人が正しい共同体感覚を持っていないことを認識し、それを持っていないために人生が不自由であり、リスクがあることに気付くように促す必要がある。

無関心

甘やかしは、これまでも「過保護」ともいわれてきた。その甘やかしの反対にあるのが「無関心」である。また、「虐待」も無関心の裏側にある。その共通点は、人間関係に愛と信頼を欠いていることにある。無関心や虐待のなかで育つと、愛と協力を知らない「こころ」を持つようになる。子どもの「こころ」は、社会は冷たく友好的でないと解釈するようになる。そして、他者との信頼を信じない「こころ」を持つと、愛着行動も乏しい。愛情に飢えているが、その受け入れ方がわからない。このような子どもはなかなかいうことを聞かず、保育士や小学校の教員を悩ませることも多い。前述の甘やかしと同様に、無関心や虐待も子どもに責任はない。

赤ちゃんは、誕生の瞬間から母親との結び付きを求める。そして母親は、子どもに信頼できる「他者」を最初に経験させる。絶え間ない育児のなかで、母親は子どもの関心を得るようになり、子どもは母親から信頼と愛情を理解する「こころ」を持つようになる。もしも、子どもが母親から愛情、協力を得ることに失敗したら、子どもの共同体感覚を発達させることが困難となる。他者への関心を持つ能力や信頼関係をつくる能力は、幼い頃から訓練され、鍛えられて育っていく。母親が信頼関係を家族や他者へと広げられれば、子どもは信頼関係を他者へと育てていけるようになる。また、子どもが最初に経験する他者の協力は、親の間の協力である。これは共同体感覚を育てることに通じる。

16 詳細については、福田ますみ著『モンスターマザー』新潮社(二〇一六年)。本書では、マスコミやジャーナリストの報道や活動がどれだけ事実に基づいているのかを考えさせられる。もし、マスコミを利用したい人と、センセーショナルな記事を書くことが目的化している報道の要求が一致したら、と危惧を感じる。報道が真に人の幸福を願って活動しているのか、報道の倫理が問われる。

実習や卒業研究などで、不本意ながら指導を与えることもある。それでも、愛情を受けて育った学生は、注意や指摘を素直に受け入れることができ、その次の日からの人間関係、信頼関係を損なうことはない。しかし、無関心のなかで育った学生は、注意された後はその人を避けるようになる。信頼関係も薄れていく。指導を苦言や意地悪と解釈すれば、指導した人を嫌な人と感じることになる。いろいろ気にかけて、助言をしても煙たがられる。愛情を知らない学生は、自分に無関心な先生や甘やかす教員の研究室を好むようになる。これでは、自己変革する機会をますます失うことになる。

社会に出て、注意や指導を自分の成長のための助言として解釈できなければ、人間関係や信頼関係を築くことは難しい。当然のことながら、意地悪と正しい指導をしっかり区別できなければならない。それができなければ、疎外感を増すことになる。もっと大切なことは、甘い言葉に対しても、優しさか欺そうとしているのかを見分けなければならない。無関心のなかで育った「こころ」は、その区別ができない弱さを持っている。

さて、人生の課題に直面したとき、他者の協力や支援を受けつつ、自分を奮い立たせて問題を解決、克服しなければならない。難しい演習問題や卒業研究の課題に取り組むとき、教員に質問したり助言を受けながら、問題解決へと向かう。達成できれば、自ずと達成感と自信がわいてくる。

無関心のなかで育った「こころ」は、他者の援助を受けることを避けようとする。他者の協力を受けることが苦手である。そのような姿勢では困難や課題に対処できず，結果として自分の能力を過小評価する。当然、成果も上がらず、評価も芳しくない。天才であるならば、教員の指導や助言は不要かもしれない。しかし、普通は指導・助言なく実習や卒業研究を達成することはできない。

無関心のなかで育った「こころ」には、もう一つの問題がある。それは、他者に役立つことで、愛と尊敬を得ることが理解できない点である。他者のために役に立とう、貢献しようという姿勢が乏しい。他者を信じられないために、他者に役立つことで、自分への信頼を得られるということが実感できない。結果として、他者に対して提案することができない。どうしても、輪のなかに入れない。集団からも離れることもある。青年期に友人の影響は大きいものであるが、困難を抱えている学生は周りに良い友人を持つことが難しい。人間関係がつくれたとしても「同病相哀れむ」の域を出ない。結局、他者も自分も信頼できない「こころ」を変えることが、この出口を見つけることにつながる。

勇気くじき

「劣等コンプレックス」、「甘やかし」、「無関心」などにより影響を受けた「こころ」は、課題に直面するたびに誤った目標と方法を選択してしまう。小学校までは、周りの励ましを受けて、本人なりに努力をして成果を得ることができる。そのような努力で通用するのは、せいぜい中学校までである。他者との信頼関係をつくり、協力と支援を受け入れながら課題を解決しなければならない。また、周りの理解を得るために説明する力も必要である。

そのような過程を通じて、自分の誤った理解に気付き、修正することで成長する。他者と認識を共有することで、概念形成が発達する。共同体感覚が身に付いていないと、やがて高校くらいから成果が見られなくなり、大学に入学する頃には、努力しようとする気持も萎えている。いろいろな場面で勇気くじきを経験し、困難を解決する意欲が低下する。何事も回避しようとする「こころ」を持ってしまう。競争による優越コンプレックスに駆り立てられ、良い成績を取ることを目標に学習してきた学生は、成果が得られているうちは良いが、成果が得られないと、途端に学習意欲が減退してしまう。甘やかし、無関心、コンプレックスにより形成された「こころ」は、勇気くじきに陥りやすい。

「勇気くじき」とは、課題に向かっていこうとする気持を失うことである。勇気がくじかれた「こころ」は、課題を克服するための目標とその方法を選択できなくなる。その結果、目標と方法が統一せず、曖昧な状態になっている。勇気くじきにあった「こころ」は、矛盾した状態で漂っている。たとえば、出席も成績も芳しくない学生に尋ねると、「四年で卒業するつもりである」と自分の目標を明言する。しかし、必修の一限の授業をほとんど欠席し、試験も受けない。留年が現実となっても、まだ朝の起床がままならない、出席しない、勉強しないが改善されない。このように自分の目標と方法、すなわち生活が一致せず、矛盾した「こころ」の状態を呈する。

「こころ」が正しく働かないことは、人生に大きな損失を与える。仕事につけず所得がなく、経済的にも損失を被る。将来を考えれば、いつまでも親に依存はできない。やがて、自分の親の老後の世話をすることになる。そのときになって気が付いても手遅れである。そういって諭しても解決にはつながらず、本人はわかっているというが、改善することはない。四年が五年、六年となり、すべてが先送りされることが多い。

以上のように、劣等コンプレックス、甘やかしや無関心があると、人生の解釈に誤りを抱えたまま「こころ」が発達している。その結果、「こころ」は勇気くじきに合い、課題の克服に向き合おうとしなくなる。

大人になるということ

身体が大人に向かっているかは、身長や体重など外見で判断が付く。しかし、「こころ」の発達は外見ではわからない。なぜならば、「こころ」は内面の発達なので、目に見えることはない。その人の考え方や行動を観察することで「こころ」の発達を判断するしかない。「こころ」の発達は、前述のように共同体感覚が備わっていると自ずとにじみ出るものである。「こころ」に共同体感覚が備わっていないと、問題行動として現われる。端的にいえば、自分の行動を説明すること、理由をしっかりと伝えることができず、他者でも理解できる行動ができない。

たとえば、約束したにもかかわらず、「遅くなり申し訳ありません。欠席します」とメールが来るが、その理由は問いただしても出てこない。それでもメールを送付するならば、まだ見込みのある学生と考えなければならない。約束を反故にされた人間がどんな気持でいるのか、彼らはまったく理解することができない。理解できないから、突然のキャンセルができる。また、「体調が悪くて登校できません」と理由を添えることもあるが、どこがどのように悪いのかは説明できない。理解に苦しむ説明をいうこともある。結局、真の意味で大人になるということは、他者への説明と理解ができるということになる。

本章で述べたことをまとめると、「大人になる」ということである。次の文は『技術教室[17]』の扉の言葉として寄稿したものである。「大人になる」ことのヒントを与えてくれるはずである。

「真冬の荒天による欠航後に、学生を佐渡—新潟航路のフェリー見学に連れ出したことが何度かある。船酔いを我慢しての見学は、意地の悪い教員と思われ、残念ながら不評であったが、それは本意ではない。

佐渡航路は、日本海に浮かぶ孤島と本州を結ぶ大切な生命線である。佐渡に暮らす人たちの必要な物資の輸送はもとより、乗客の安全のために、昼夜を問わず働き続ける人たちに支えられて、佐渡の暮らしは成り立っている。激しい揺れの操舵室、機関室の騒音と息苦しさ、そのようななかで人も機械も凛然と構え、黙々と働き続けていることを見てほしいのだ。

人間は誰でも、まず自己中心的に考え行動する。精神的成長とともに、自分の視野に自分以外の存在に気付き始め、「思いやり」という意識を膨らませてゆく。やがて、自分の

17　『技術教室』は、戦後の技術教育・家庭科教育の理論と実践を掲載してきた民間教育研究団体・産業研究連盟が編集してきた月刊雑誌である。次のＵＲＬで読むことができる。http://sankyoren.com/journal/journal.html

世界と他者の世界を真に行き来して考えられるようになる。精神的成長、大人になるとは、他者の心を自分の心に取り込めるようになることである。

この世紀が再び戦争の時代になるか、平和な時代になるかは、君たち若者にすべて託されている。君たちが、年寄りや子どもたちより大きな力を持ったときに、「思いやり」という意識を行動のなかに取り入れて、周りの人々を幸せにしてあげている姿を、僕は夢見ている。「周りの人々」のなかに、日本だけではなく世界中の人々も含まれているならば素晴らしい。

「なぜ、いかにして」という素朴な疑問と、その答を自分で探し続ける営みは、必ず君たちを助けてくれる。いかに真剣に考え、いかに広く深く想いを巡らすかで、その人の深みと広さが培われる。生きがいを探すとは、自分を支える何かを探すことである。逆説的だが、人を支えることが、実は自分を支えていることでもある。生きとし生けるものは、皆すべて、互いに支えあって生きている。その支え合いをいかに多く実行したかが、自信というものにつながるはずだ。」

（『技術教室』第六三二号一ページ（二〇〇五年二月）扉の言葉より）

第二章

困難を抱えた学生の理解

危険な無目的入学

現代の学生を取り巻く状況は、「こころ」の発達にふさわしいものではない。前章で述べたように、甘やかしなどがある一方で、某大学を頂点にした大学ランキングで序列化され、受験体制は競争社会の最たるものである。それが就職や所得にも影響し、格差社会を形成している。昭和四十年代から高度経済成長に伴い国民の生活水準が向上し、高校進学者が増加した。にもかかわらず大学入学定員が不足して厳しい事態を招き、「受験戦争」と称された。今日では大学定員は増え、少子化も影響して競争倍率は低下しているが、受験競争が解消されることはない。大学格差は一向に解消されず、社会のブランド志向も変わる兆しはない。

競争だけが目的の勉学や学校教育のなかで、「こころ」はどのような発達を遂げるのであろうか。「こころ」は、人生の目的と方法をその人間にふさわしく選択してくれるのであろうか。子育ての考え方を見ていると、親は学業成績や部活動の競争を熱心に支援する。かつては、親は学業や部活動にそれほど関心を示さなかった。もっぱら、親は家業を継ぐことを期待した。約五十年前、東北の田舎の進学校の保護者会後の保護者の話題は「子どもを大学に進学させなければならないか」であり、子どもの進学に戸惑いを隠せなかった。

青年はその葛藤[1]を通じて親の考えと決別し、進学してきた。そのような葛藤は反抗期と見ることもできるが、自立へ向かう積極面と理解すべきである。青年期の葛藤は、進路だけにとどまらず、教師、学校や異性などの人間関係にも及ぶ。「こころ」は、まさに「緑と花の洪水[2]」のなかにある。

自分の進路は、青年期における葛藤の重要な主題である。親の期待、教員の進路指導という他者に対して、自分というものを見つめ直す。つまり、「こころ」は自分の生きがいや幸福を考えながら、人生の目標と方法を選択し、自分の職業という目標を決定し、その方法として志望する学部学科を選択する。さらに自分の学力などの諸般の事情を考慮して、志望大学を決定したり、より高難度の大学を目指し受験勉強に邁進する。「こころ」がしっかり機能していれば、葛藤を伴いながらも目的と方法を統一しながら進路を選択する。

しかしながら、目の前の学生を見ていると、青年期の葛藤があまり感じられない学生もいる。同時に、職業や進路の志望についても曖昧な学生が多い。教員養成学部に入学しながら、教員志望は六割にとどまる。地方国立大に合格することが一義的であり、学部や専攻は二義的となる学生も少なくない。進路の選択において、「こころ」が機能していないとしたら、これは無視できない問題を含んでいる。親の期待や学校の進路指導に従い、安直に進学先を決定したならば、葛藤もなく、自我の形成もない。自分の選択に責任を持ち、自立して人生を生き抜く気概も生まれない。まさに、「こころ」を置き去りにした大学生活の始まりとなる。

無目的入学は内面の発達だけでなく、人生にも影響を与える。本業である学問を目的にしないで入学した学生は、学ぶことを中心に据えない大学生活を送る危険性を否定できない。大学の規定は、必要な学業を修め所定の単位を取得して、卒業要件を満たすことを明確に求めている。大学の求める目標と無目的入学の矛盾のなかで大学生活を送ることは困難を抱えることを意味する。学問に向き合うようになれば、問題は解決するのであるが、そうならない場合に不本意な結果となるケースが多い。その一方で、本人の適性や希望を考えることもなく、安易な進路指導や親の願望だけで大学進学する場合、大学を卒業の肩書きだけが目的の場合、学業に向き合うことが苦しくなってくる。自ら目的を持って大学に入学した学生は、自分の人生にも責任を持つ心構えができている。

1　青年期に葛藤(conflict)が発展的に解消される過程で、自我が形成される。自己と他者、理想と現実などいろいろな問題において、両者に挟まれて悩み考えることが、青年期の葛藤である。

2　伊藤整は著書『青春』のなかで、「人の生涯のうちいちばん美しくあるべき青春の季節は、おのずから最も生きるのにむずかしい季節である。…その季節は緑と花の洪水となって氾濫し、人を溺れさせ道を埋めてしまう」と表現している。

回避行動

大学に入学すると、授業が始まる。所定の単位を四年間で取得しなければならない。講義の他に実習・実験もある。最終学年になると研究室に所属し、四年間の総まとめとして卒業論文を仕上げて卒業式を迎える。また、卒業後の進路にも真剣に向き合うことが大切である。本来の就職活動は、いわゆる「就活」とは違う。共同体感覚を持った学生は、生きがいや社会のなかでどのような役割を担うのかを考え、就職の職種を考える。会社の名前ではなく、具体的な仕事の内容を考える。

安易な「就活」は受験と同じで、人生の意味を考えず、ただの職探しに陥りやすい。給与、福利厚生、人気度、将来性などで選んでいく。「就活」の行動は、「つらい」、「きつい」、「きたない」の3Kを避け、楽して給与を得ようとする自己中心的な「こころ」と見ることができる。仕事と生きがいをどう解釈するかで、就職も人生も大きく変わる。

さて、無目的で入学した学生の「こころ」は、学業に対する関心は低く、意欲がわかない。単位取得は、何とかなるだろうと安易に解釈をする。サークル活動やアルバイトなどに向かうようになると、回避行動はますます強化される。学生生活の主体がサークルやアルバイトになり、昼夜が逆転したり、授業の欠席も増え、単位取得も芳しくなく、学生生活は悲惨な状態へと陥る。

たとえば、深夜のアルバイトを終えて朝に帰宅・就寝し、午後に起床して夕方にはアルバイトへ向かう。これでは、授業はほとんど欠席となり、単位は取れず、留年は確実である。本人に問いただすと、それにもかかわらず大学を四年で卒業したいという。これでは、四年間で卒業する目標と実生活との乖離が著しい。正しい目標と方法を選択できていないので、これでは「こころ」が機能しておらず、「こころ」の不全である。そもそも、回避行動を続けていても目標は達成されないばかりか、目標から遠ざかる一方である。どこかで、このようなライフスタイルから脱却する必要がある。

学業においても、同じ授業を二度も三度も聴講し、それでも単位を取得できない。何となく単位が取れるというよりは、通してくれるのではないかと思い込む。これは希望的観測であり、自己の観念で世界が動くと思い込んでいる。このような学生は、何事も自分に都合の良いように解釈する特徴があるので、問題は解決されず、やがて深刻な事態になる。

普通は、授業の課題を正確に把握して、自分の力を客観的に判断し、必要な理解と問題を解いて演習をして、ようやく単位が取れる。ところが、回避行動を取る学生は、学業においても正しい方法を選択する「こころ」が働かない。例え話でいえば、対象の商品の金額と手持ちの金額を比較して、不足分を稼いでようやく購入するという、当たり前の理解ができない。回避行動にはまると、当たり前のことをするのが辛くなってくる。ここまで来ると、抜け出すことは容易でない。

あるアンケートでは、大学に入学してやりたいことのトップスリーは、「サークル」、「アルバイト」および「運転免許の取得」である。現代のキャンパスを象徴しているが、回避行動の誘因が多いという見方もできる。かといって、サークル、アルバイトを禁止すれば解決するということではない。飲酒に置き換えれば、本業ができないなど生活が破綻するような飲酒が問題である。同様に、サークルやアルバイトも学業に支障がなければ、何ら問題がない。

学業をしっかりやったうえで、趣味やアルバイトをしている学生もたくさんいる。私は、入学時の学生に「まずは前期の授業に専念し、優の評価であれば、サークルやアルバイトも視野に入れてよいのではないか」と説明している。これができていれば、大学の留年はずいぶん改善されるはずである。部活・サークルにしても、毎年会員の名簿を出して、留年や単位取得に問題を抱えている学生の割合が多いサークルなどは改善の指導をし、改善できないようであれば廃止を勧告すべきかもしれない。

サークル、部活動

部活動やサークルなどは多様であり、一言ではいい表わせない。私は、部活動やサークルを敵視するつもりは毛頭ない。学生による自主的活動は、学びの場として貴重である。また、人間的成長も大いに期待できる。私自身、寮や学友会の活動や学生運動でたくさん学び、人間的に成長する機会が得られたと実感している。学生の主要な任務は学ぶことにあり、部活動やサークルなどが学ぶことに通じているならば、何ら問題ない。

しかしながら、サークルの目的が学ぶことは建前であり、もっぱら友人を求めるためであったり、遊ぶための場であるなら、話はずいぶん変わってくる。とくに、無目的入学をした学生が、学業から逃避するためにサークル活動に埋没しているのであれば、サークルは学びの場とはいえない。それでは逃避の場である。授業や研究室には足が向かないが、サークルには顔を出すとしたら、状況としては深刻ではないだろうか。学業を回避し、もっぱらサークル活動に熱中する姿を考えてみよう。このことが正しいかを検討するために、物事を置き換えて考えることも役に立つ。[3]

3　主題が正しいか間違っているかを考えるとき、別な主題に置き換えて、その主題が成立するか否かを考えるとわかりやすい。また、主題の関係を逆にしても成り立つか否かを考えてみることもお勧めする。

たとえば、育児の責任を放棄して、パチンコに興じる親を考えてみよう。そのような親が児童虐待防止法違反で新聞記事に載ることもある。本人だって、建前として育児の責任もわかっている。それを放棄してパチンコに興じることの善悪も理解できる。しかし、育児はしたくなく、パチンコ台に向かってしまう。パチンコに心を奪われてしまい、それなしでは生きていけないのが「パチンコ依存症」である。最初から依存症になるわけではなく、徐々に心を囚われていく、そして大事なものをますます遠ざけて、忘れてしまう。気が付いたときには、止まらなくなる。

学業を回避しようとしている学生は、サークル活動に浸っていることで学生生活に対する満足感を得ることがあるかもしれない。安心感も味わえるかもしれない。人間関係もできれば、何となく達成感もあり、充実しているかのように感じてしまう。このようにして、自分の現実を冷静に、客観的に見つめることができない学生は、大学生活に誤った理解をしてしまう。授業の出席もままならず、どうでもよくなる。卒業研究などまったく手が付かない。にもかかわらず、サークルには足を運ぶのである。このような行動パターンは、学業の達成には何の効果もなく、逆効果になってもサークル活動に通うのである。これは、何となく依存症の行動パターンと類似しているように感じる。

部活動も同じである。留年しそうなのにもかかわらず、部活動に足を運ぶ。試験やレポートを軽視したり、ごまかした武勇伝を平気で後輩に披露する先輩もいる。学業よりも部活動を優先するような価値観が芽生えていれば、危険である。部活動のために、個人を犠牲にしてでもと思う風潮や組織のために個人が犠牲になるのは仕方がない、という思想は誤りである。個人は全体に従属すべきとする思想は全体主義に通じ、個人主義の否定となる。これは、政治としては民主主義を否定し、権威主義に通じる思想である。一人一人の学生の幸福を願わないような部活動に参加する価値はない。学業がしっかり遂行でき、それを基礎にして豊かな学生生活の楽しみとして部活動はある。

たとえば、雨天により日曜日のリーグ戦が中止になると、雨天順延で試合を月曜日に課す。当然、雨天のたびに月曜日の必修授業を欠席して、リーグ戦に参加する学生がいる。また、顧問や留年した先輩たちが部活動を支配し、厳しい縦の人間関係により、後輩たちがものもいえない部もある。このような部活動の不正常な在り方を改革しなければならない。また、部活動を学業よりも重視してしまう部活動至上主義のルーツは、大学以前にあることも見逃せない。小学から高校まで一つのスポーツだけでしか体験できないようでは、子どもも教員も競争主義の犠牲者である。

アメリカでは、クラブ活動の編成が一年間に二回、三回も設定され、生徒は年に三種類のスポーツを経験することもできる。スポーツ庁も、学校の部活動の不正常な在り方を看過できなくなり、運動部活動の在り方に関する総合的な「ガイドライン作成検討会議」なるものを発足させた。[4]

私自身も高校生で始めたソフトテニスを今も楽しんでいる。スポーツは、人生を豊かにするものである。私の大学時代のソフトテニス部顧問の教授は「テニスを一生したいのなら、本業をしっかりやれ。テニスは所詮道楽だ。本業がしっかりできていれば、生涯を通してテニスを楽しめる。」と教えてくれた。その通りと思う。私は、今もそれを守っているし、大学のソフトテニス部の顧問も引き受けている。

アルバイト

「アルバイト」といっても職種や形態は多様である。また、アルバイトの目的も学生によって異なるので、一概に善悪の判断はできない。本書で反アルバイトを説くつもりはない。しかし、学業ができないようなアルバイトは、良いはずがない。にもかかわらず、学業と両立しないアルバイトを平気で引き受ける学生がいる。これでは「こころ」の機能が不全であり、何らかの対応を必要とする。

たとえば、午後五時から午前三時（金・土曜日は午前五時）まで営業する居酒屋のアルバイトをしている学生がいた。夕方四時に出勤、朝の一番列車で帰宅して就寝する。当然のことながら午前の授業は欠席、昼に目が覚めても午後の授業には間に合わないか、大学に行く意欲もわかない。単位は取れず、留年を避けることは困難となる。学業に復帰するには、アルバイトをやめるしか方法はないが、なかなかやめられない。

学業と両立し得ないアルバイトをやめられない要因はいくつかある。一つは、アルバイト料という収入である。お金が手に入ることは魅力である。学業で収入が得られる大学生はいない。小遣いが増え、遊ぶにも困らない。ある意味では、良いことずくめである。親からの仕送りだけでは余裕もないので、現金収入は魅力がある。お金があれば、サークル活動や旅行など遊ぶこともでき、学生生活を謳歌できる。

アルバイトをやめるには、そのように肥大した生活と決別しなければならないが、そう簡単ではない。安易にこのような深夜のアルバイトに引き込まれる学生は、もともと意志の弱い傾向の者が多いように見受けられる。自我の形成ができていれば拒否もできるが、明確に意見を持ち拒否できるタイプが少ない。アルバイト先から説得を受けると、すぐにぐらついてしまう。大学の指導教員とアルバイト先の店長との人間関係の距離は比較にな

4　総合的なガイドライン案では、「学期中は、週当たり二日以上の休養日を設ける」「ある程度長期の休養期間（オフシーズン）を設ける」など、ようやく重い腰を上げ始めた。

らない。他人と家族との違いに等しいので、学生に我々教員が説得しても効果は薄い。

ある学生を説得して、彼に深夜のアルバイトをやめさせた。そのとき、忘年会が近づくとまた店長に誘われるが、それでも絶対に会わないように指導した。しかし、師走近くなると欠席が始まった。呼び出して様子を聞くと、店長から食事だけでも一緒に食べようと誘われ、案の定しつこく頼まれて断りきれず、師走の繁忙期の助っ人に復帰したのだ。本人の実情を何度も考えさせ、年末できっぱりやめるように説得した。何とかそれ以後の関係を断つことができたが、放置していたら退学していただろう。

アルバイト学生の雇用側も、最初から深夜遅くまでのきつい仕事はさせない。認知心理学的には、最初から困難な条件を要求することは避け、はじめは優しい条件（ローボール）から始まる。[5] その後で少しずつハードルを上げていく。初めは、夕方から最終電車に間に合う時間で働き出すが、やがて土曜日は閉店まで働かされ、日曜の朝に帰宅するようになる。人手が足りない季節になれば、仕方なく閉店までの深夜労働の曜日が二日、三日と増えてくる。気が付くと、とんでもない労働形態になっていて、学業と両立はできない。

さて、アルバイトをやめられないもう一つの要因は、一種の達成感である。どんな人間でも、仕事をこなし、責任を果たすことは人間としての誇りを感じさせる。アルバイトはお金だけのためにやっているなら抜け出しやすい。仕事を通じて自己の存在感も実感できる。自分がやめたら仕事場が大変だという気持もわいてくる。互いに協力しながら職場を守る一員として自覚できるようになると、簡単にやめることが難しくなる。大学生活よりも強い絆で結ばれてしまうと、もう大学での学業はどうでもよくなり、学業を全うする目標は霞んでくる。

アルバイトは、一定の収入と充実感を与える。刹那的に生きている学生から見れば、アルバイトで人生が成り立っていくかもしれないと勘違いする。アルバイトを理由に退学を希望する学生は何度説得しても、退学を曲げようとしない。その学生は、学業に対する魅力をすでに感じていない。そのような学生に在学を思いとどまらせる方法は意外にない。唯一あるとすれば、卒業後のビジョンを何とか持っている学生であり、彼らは大学卒業後の職業を考え、退学を思いとどまる可能性がある。

ある学生は、大学三年になっても深夜から未明のスーパーマーケットのバックヤードで清掃や物品の出し入れの業務をしていた。授業は欠席し、実習のレポートも提出せず、試験も放棄してしまった。三年次には、四年で卒業するのは無理であることは誰の目にも明らかであった。案の定、留年した。指導教員の支援を受けながら、改善の兆しが見えたの

5　認知心理学については、西田公昭著『マインド・コントロールとは何か』紀伊国屋書店（一九九五）が詳しい。人を騙し、心をコントロールする手口と人間の心理が実例を含めわかりやすく解説されている。

は、アルバイトをやめた一年後である。

ようやく落ち着いてきた頃、本人自ら当時を振り返ると、バックヤードのアルバイトをしていたことの異常さに、当時はまったく気付かなかったという。また、留年することを考えもしないし、大学生活の計画と現実のギャップも感じていなかったという。

このように、アルバイトは収入があり、しかも仕事の責任を果たす充実感があることから、それを否定することは容易なことではない。無目的入学した学生においては、卒業後の進路や職業に明確なイメージがないので、理想と現実の乖離が理解できず、アルバイトから足を洗うのは難しい。そして、学業と両立しないアルバイトも平気でやるようになる。

一方、私たちが注意しなければならないことは、アルバイトの雇用主の問題である。典型的にはブラック企業といわれるように、アルバイトのなかにはブラック・アルバイトもある。アルバイトといえども、労働基準法に則っているのは当然である。さらに大切なことは、アルバイトの雇用主がどれだけ学生のことを考えているかである。

私の経験でも、ブラック企業ナンバーワンといわれたある大手居酒屋チェーンのアルバイトの学生の指導経験は二例ほどある。学業が困難になることなどお構いなしに平気で働かせていた。学生の人生や将来のことなど、そもそも考えていない。雇用主は、利益だけが目的である。学生自身が、搾り取られ捨てられる自らの運命を理解できなければ、アルバイトから抜け出せない。自分の人生を最も真剣に考えなければならないのは、学生本人である。その次が親か指導教員である。学生が自分の人生を真剣に見つめ直し、アルバイトの経営者の本心を見抜く力がないと、ターニングポイントはない。

退却神経症（ステューデント・アパシー）

「ステューデント・アパシー」または「アパシー・シンドローム」という言葉は、精神医学の研究者である笠原嘉の研究が始まりである。それは、彼が京都大学医学部助教授のときに京都大学に新設された保健管理センターでかかわった学生の臨床研究として「大学生に見られる特有の無気力について」という小文を発表したときに遡る。その後、彼は「退却神経症」という新しいカテゴリーを提唱している。

時代としては、今日とは学生の様子はずいぶん異なる一九七〇年頃、学園紛争のまっただ中であった。学生運動が盛んで、大学キャンパスには学生のエネルギーが溢れていた。彼の目にとまった学生は京都大学の学生であり、成績優秀で将来に何の心配もない学生である。やりたいことを存分にすることも可能である。何の問題もないのに、学業には身が入らず、意味もなく留年を繰り返す。世の中に不満もなく、生活や人間関係に問題を抱えている訳でもない。しかも、本人に病気の意識はない。無気力なことが問題となる症状である。

この症例が、果たして今日の大学生に適用できるか疑問が残る。我々の考える症例は、もっと深刻で異なるのではないかと思う面もある。だが、笠原氏の研究は大いに示唆に富む点がある。また、この退却神経症の症状は、学生に限らず高校生からサラリーマンにもわたるものであることが明らかとなった。本書で対象となる学生の理解を促すために、退却神経症なる学生について考えてみる。

退却神経症、アパシー・シンドロームについての特徴として、

・主観的には無関心、無気力、無感動そして生甲斐・目標・進路の喪失が自覚されるのみで、神経症者のように不安・憔悴・抑うつ・苦悶・後悔などの教科書的な症状である自我異質的な体験を持たない。

・客観的行動は、世界から(本業から)の「退却」「逃避」と表現するとぴったりする。

・病前はむしろ適応の良過ぎるほどの人である。

・治療へのモチベーションがないか少ないことが、治療上の最大のガンである。

・退却が軽度かつ短期間で、ほとんど自力で回復してくるタイプと、経過が長いが思ったよりも良く、統合失調症への移行はないタイプになる。後者には、対人恐怖、軽うつ、

軽躁、昏迷様状態、関係・被害妄想を呈するものもある。
・登校拒否のなかに、この病態の若年型を見出す例がある。
・鑑別を必要とする類症としては、うつ状態と統合失調質がある。

が指摘されている。また、海外の大学では、学業成績の悪い学生に対して積極的に退学勧告するので、日本のような症例はないと指摘している。日本では、学生に寛容な社会風潮と高等教育システムが影響し、退却神経症の学生が増えている可能性もある。

これらは、医学的見地からまとめられているので、ややわかりにくい面があるが、本書で問題にしている「こころ」に困難を抱えている学生の様子と退却神経症とを対比してみる。

①自ら治療意欲を持って助力を求めることがない。

つまり、学業や大学生活で困っているにもかかわらず、解決、相談、助力を受けようとしない。たとえば、卒業論文がまったく書けていないうえに、研究室にも顔を出さない。指導教員も心配して本人に電話しても出ようともしない。研究室の仲間が心配してアパートに様子を見に行っても、平然と寝ている始末である。当の本人は問題と思っていないし、それで悩んだりもしない。指導教員や保護者のほうが、呆れたり、怒ってしまう。

②学業はまったく見込みがないが、アルバイトやサークルは熱心かつ普通以上に達成できる。

彼らは学ぶことを回避し、やがて回避が進行し授業および卒業研究などの学業から退却し始めるが、副業は問題なくできる。アルバイトやサークルを継続できない場合は、より深刻なレベルである。

③病前の様子については不明な点も多いが、高校では登校しているので、適応していたと思われる。

義務教育段階では優秀な生徒であったことは疑いないが、高校あたりから学ぶことへの息苦しさを感じ始め、浪人時代を経て学ぶことへの嫌悪感が増大するようになったと思われる。大学入学により学びから解放されることを望んでいる。「こころ」に問題を抱えている学生と、初心に「学問」があるかつての学生とは異質のように感じる。「学問」の価値を感じるところから、学業への回帰が期待できる可能性もある。

④治療へのモチベーションのなさは、まったく同じである。

出席もせず、単位も取れず、留年どころか卒業は何年かかっても無理なライフスタイルを変えたいと思ってない。また、卒業の見込みがないにもかかわらず、平気で就活を行なう。内定を貰うと卒業できると考えている。ほとんど合理的な判断ができない。

⑤退却は長期にわたり、自力で回復する見込みは少ない。

この点は、笠原の例と異なる。ライフスタイルに問題を抱えていると、自力ではほとんど回復せず、四年間で卒業することは期待できない。指導教員の介入で回復する例はある。

しかし、病識がなく、ライフスタイルを変えようとしない学生に対しては、指導教員も諦めて、当然ながら学生に無関心となる例が多い。結果として、留年は確実であり、退学、除籍もある。

このような学生は、退却神経症と類似しているが、より困難がある。正直なところ、当該学生に介入する教員は相当な精神力と知識・経験が要求される。それにも増して大変なことは、介入に伴う甚大なリスクである。私の経験をいえば、ブラック・アルバイトをやめるように指導し、それを学生が相談室に訴えて調査の末に、行き過ぎた指導を理由に口頭注意を受けたことがある。

その他、保護者が指導に対して不満を持ち、大変な目に遭ったことも一度ではない。真摯に学生指導しても悪者扱いされるなら、無関心を装うしかないのが現実である。経験で学んだことは、「孤軍奮闘は要注意」であった。

このように考えると、退却神経症というカテゴリーとよく対応しているが、気になる点は「軽度かつ短期間、自力で回復する」か、否かである。朝も起きられず単位も取れず、そのことに病識もなく、それでいて卒業できると解釈している学生は、在学期間四年の間に自力で回復した例は見当たらない。

学業を回避する学生が退却神経症というカテゴリーに該当するとしても、診断を下しただけでは解決しない。治療薬もないし、対処療法もない。確実な治療法がないならば、ある意味では難病である。健康から不健康になったならば、もともと保持していた健康を取り戻せばよい。この場合は取り戻すのではなく、青年期までに形成されるべき「こころ」のコアが形成されていないために、正しい人生の意味の解釈ができないことに原因がある。また、高校から大学卒業までの青年期の貴重な七、八年を無為に過ごしてしまい、人間的成長に空白期があるのではないだろうか。

この解決のためには、「こころ」の誤った解釈を認識して改善し、人生の目標を持ち青年期の空白を埋めることをしなければならない。ルソーは、『エミール』のなかで青年期を「人間としての第二の誕生」と表現した。他者と自分のかかわりのなかで行動し葛藤しながら、自我を形成し人生の解釈をつくり上げる過程である。そうであれば、学業回避の学生は、青年期の人生の意味の解釈を見直して、新たな理解を得て解決に向かうことになる。それは、回復というよりも青年期の再構築が適切な表現である。

この問題についての研究は、アイデンティティ論の立場からの考察もある。大倉得史は『拡散』のなかで、長期留年した友人の当時の学生生活の胸の内を丁寧に聞き出して調査している。そのなかで、社会に出てみると、その留年していた学生生活は決して無駄ではなく、留年した生活で経験したことと月日は大切な意味を持っていたという証言を得ている。卒業してからその期間を見る視点は、貴重な示唆を与える。

自分と他者の問題や青年期の自我形成についても多数の考察がある。いずれにしても解釈と理解は興味深く、どのようにして自我の形成をして、アイデンティティ拡散を克服するかは、各個人によって違い画一的方法は見つからない。

マルクスは「哲学者たちは、世界をさまざまに解釈したに過ぎない。大切なことはそれを変えることである。」と述べ、解釈から変革のための哲学の必要性を説いた。しからば、学生は自分自身を解釈し、どのように自己変革を遂げるべきかに答を見出さなければならない。残念ながら、その明確な改善のプログラムはないが、各自の「こころ」の理解の仕方を考察することから、改善の糸口を見つけることはできるのではないだろうか。

その他、エリクソンの唱える「アイデンティティ拡散症候群」は、アイデンティティを決定できないために起こる自己拡散状態を指す。また、青年期の学生を理解する視点として、小此木啓吾の提唱する「モラトリアム人間論」もある。これらの議論は、本書に関係する学生の理解の一助になるものと期待できる。いずれもアイデンティティに積極的な意味合いを持つ視点に特徴がある。とくに、青年期に期待される自己選択や自己同一性についての議論は、学生の理解に示唆を与える。本書に関係する学生について考えると、アイデンティティを巡る問題よりも、どちらかというと主に回避・退却の問題を抱えているように感じる。

さらに、本書で紹介しているような学生がいることは、その学生に特異的なことではなく、日本の国民性と密接に結び付いている面も否定できない。その意味では、土井健郎の唱える「甘えの構造」から見る視点もあるかもしれない。この視点は、日本人論の解釈としては興味深く、そのような学生を社会学的に理解するには役立つが、本書の対象となる学生の支援につながるまでには至らないと思う。

笠原も述べるように、この症例の専門家はいないと考えたほうが良い。この問題の解決の有効な方法は、経験的には介入であるが、そのためにはしっかりした枠組みが不可欠である。介入する教員のやる気が何よりも大切である。そのためには、介入に対して関係する教員、保護者、大学の理解と協力が必要である。

自己中心と他者理解

他者の理解ができないことが、学業に困難を抱えている学生の特徴である。約束を守らないのは当たり前である。授業でも指示したこと、やるべきことをほとんどしない。卒業研究でも、午前中しっかり話し合って決めた方法や方針も、午後になると話し合いとは違う方法で勝手に実験しようとする。「方針を変更するなら話をして、合意を取ったうえで変更しよう」と何度いっても身に付かない。返事は「はい、わかりました」といっても、それを守ることはない。しかも、方針と違うことをしている認識はあるが、合意と異なる方針を取ることの問題性の理解はない。つまり、他者への理解がなく、自己中心で行動するのが特徴である。これも退却神経症と異なる特徴かもしれない。

自我形成と他者理解は、表裏一体の関係にある。自我形成されていなければ、自己中心的に振舞う。他者というものがほとんど視野に入らない。行動するときは、常に「自分」という感覚で行動する。他者との約束はしたとしても、行動するときは抜け落ちる。単純な作業にもそのことが現われる。次にその例を列挙してみると、

・「数字に単位を忘れない」「単位のない数字はない」と教えても単位が欠落する。
・英語で「カンマ」の後に半角スペースを付けることを教えても、日本語の「読点」の用法になり空白を忘れる。
・「実験では寸法が大事、写真にはスケールを必ず入れる」と教えても抜け落ちる。
・ピントが合っていない写真を何とも思わない、読者のことは考えない。
・遅れたり、休むときは連絡をすることを約束しても守らない。
・過去の例、他者の例を参考にして用法を真似るように指示してもできない。

右のようなことを何度も指摘して、そのたび「はい、わかりました」と返事するが、半年以上繰り返し教え、毎回訂正しても直らない。なぜこのようになってしまったのか。本人も悪意があって、百も承知でわざとやっているのであれば、直すのは簡単である。叱れば済む話である。しかし、まったく悪意がなく、同じことを繰り返す。行動するときに、「自己中心性」（他者を取り入れられない）が見られる。これらの例は、単純な作業での話であるが、それ以外でも同様である。

一般に、子どもは学童期までに家庭と学校のなかで獲得した能力を使っている。やがて青年期になると、他者からのコミュニケーションを通して、新たに能力を付加したり、また既得の解釈を修正しなければならない。しかし、彼らは、それができないように見受けられる。他者の理解ができないために、徐々に学業や仕事で生きづらさを抱えるようになる。注意されても直せないことを繰り返すようになる。

なぜ青年期の発達に問題が生じるのか。注意されても無視していれば、放置されることを学習したからなのであろうか。それよりも注意された経験が少なく、甘やかされて育ったのかもしれない。かつて、「曲」という漢字のなかの横棒を二本書く学生がいた。「曲げ」と書いた漢字がすべて誤字であった。これは、大学入学前に教員から注意を受けず、誤りを見逃されて育った典型的例であろう。

一九八〇年以降、学校の教員は忙しくなり、子どもたちが放置されているのではないか。放置というよりも、教員が一人一人の生徒の誤った解釈を見つけ、修正するというコミュニケーションを失ったことを示している。先に述べたように、子どもたちの「こころ」は、正しいか間違いかを気にせずダイナミックに解釈する。誤った解釈を直すことも教育の大切な仕事であるが、その機能が家庭や学校で失われている。その生徒は誤った漢字を身に付けると、他者が視野に入らないので、修正することなく誤字を使い続ける。

学童期、青年期を通じて、他者とのかかわり合いが少ないことは、青年期の自我形成に大きな影響を与える。他者と自分との葛藤が、自我形成そのものである。普通であれば、「何度いったらわかるんだ」といわれたくもないし、いわれたら二度としない。しかし、学業に困難を抱えた学生は、何度も指摘されても「こころ」に応えない、身にしみない。これが特徴でもある。地道で粘り強い指導、コミュニケーションしか方法はないが、指導教員にそれに耐える決意と精神力がないことには、対処の方法がない。

友人との人間関係が非常に重要であり、かつ大きな割合を占めるのが、青年期の特徴である。今日の学生の人間関係の希薄さは、過去とは比べものにならない。携帯やＳＮＳ、ＬＩＮＥなどはすこぶる発達しているが、それらのツールは、あくまでも当事者間の人間関係というよりは、個人的な都合に合わせて利用するので、自己中心的であり直接的人間関係ではない。そうすると、友人関係も希薄であり、かかわり方も差し障りない関係であり、注意や批判はまず少ないであろう。その彼らに必要なものは、他者を取り入れ、自らの誤った解釈を直す人間関係である。

インターネットでの人間関係では、自分に都合の良い情報を取り入れがちで、他者というべきほどの人間関係にはならず、自らの理解を修正するほどの人間関係には当たらない。学業に困難を抱えた学生を何とかしようとする友人は希である。同僚や後輩からいわれたくないので、介入しても喧嘩になることもある。私の経験からは、学生どうしのかかわりで回復する例は見たことがない。

先に述べたように、子どもは事物を大胆に解釈するので、誤った解釈をしてしまうことも多いので、誤ったその理解を書き換えて生きていくことも同じように重要である。そうであれば、学童期から青年期にかけて、生活のなかで誤った解釈を訂正しながら、人間として成長することが求められる。そのなかで自我が形成される。自分とは何かというアイデンティティも、他者と自分のかかわりを通してつくられる。

青年期の成長に、他者との葛藤は欠くことができない要素である。進路一つでも親と喧嘩をし、自分でも自分を理解しないまま、自分をわかってくれない周囲の人間と格闘しながら自我を形成し、自立してきたのではないだろうか。近年は、家族、教師および友人との人間関係の葛藤もなく育ってきた学生が多いように見受けられる。そのような学生は、他者との葛藤を感じることもなく、自我は形成されにくい。昨今の中学校や高校を見れば、つまらない葛藤よりも目の前の受験を乗り切ることに、親も教師もクラスメートも直往邁進している。その結果、誤った人生の解釈はそのままとなり、それを修正する能力も育たない。誤った人生の解釈は、大学入学後も「こころ」のコアに居座り続ける。

教員が何を助言しても、それは馬耳東風のごとくとなり、自我の形成はされず自分中心で行動し対処する。それでうまく事が運ぶと思っている。しかし、そうならないのが、学業に困難を抱えた学生である。

説明できない行動──観点別学習の弊害

さて、学業に困難を抱えた学生の行動の特徴を考えてみると、理由がない、説明ができない行動が目に付く。約束の時間になっても来室しない。約束を忘れているわけではないが、行く気がしなくなる。そのうち今日は大学に行くのをやめようと決断して、何となくすっきりする。試験も受けなければと思いつつも、その気がなくなり断念する。提出物も同じように諦めてしまう。聴講表を出すが、出席はしない。

だが、すべてがこのパターンではない。学生のコンパや旅行には元気で参加する。朝早くでも集合時間に間に合う。しかし、本業になるとそうはいかない。どうして約束が守れないかを聞いても理由はなく、「以後、気を付けます」「明日は遅刻しないようにします」の返事を貰うが、それが守られたためしはない。行動に理由がないのが特徴といえる。また、理由がないので問題行動となり、不利益な結果を招く。

最初から欺すつもりで嘘をついているならば、それはそれで問題だが、このケースは欺すつもりは毛頭ないのに、約束を守れない。学業から回避しているけれども、他者とのやりとりでは、そうもいかず良い返事と対応をして約束してしまう。行動は他者と関係なく自己中心的に選択するので、意外と平気で反故にしてしまう。罪悪感もない。

単位を取るべく自宅・下宿で勉強をしなければならないが、すべて先送りしてしまう。当然、試験前日になりノートを見ることくらいはするが、本番のテストではまったく歯が立たない。研究室への登校時間を自分で決めるが、自分との約束も守れない。目標と方法は決定できるが、実際に行動するときになるとまったく違う状態になる。なぜそのような行動を取るのか、自分でも説明や理解ができない。自然にそうなってしまう。あたかも自分の殻があり、他者と話すときにはその殻の外に出てきて話をする。行動するときになると、他者の存在がない自分の殻の中で行動する、という解釈であれば納得できる。

実習で説明して「わかりました」と返事をしても、まったく何も手を付けず、進んでいない。実習の時間はとうに過ぎても、みんなひたすら座って教室にいる。やってもらったり、指示をされるのを待っている。本当は「何もわかっていない」のである。が、「わかりました」というスタイルで済むものと、人生を解釈して生きてきたのである。

この原因の一つは、学校教育にあると思う。「関心・意欲・態度」の観点で子どもを評価する「観点別学習」が横行して以降、二〇〇〇年頃から様子が変わってきたように感じる。一九八七年、教育課程審議会は学習指導要領改定のなかで、「日常の学習指導の過程における評価については、知識理解面の評価に偏ることなく、児童生徒の興味・関心等の側面を一層重視し、学習意欲の向上に役立つようにするとともに、これを指導方法の改善に生かすようにする必要がある」の答申を発表した。

このなかで評価の観点として「関心・意欲・態度」が強調された。それが、子どもの姿勢を評価する方向評価につながった。それ以前は、「〇〇が理解できる」「計算ができる」など、態度を評価するのでなく、学習内容を理解したか、できるようになったかで学力を評価していた。

「関心・意欲・態度」により、姿勢や態度などの型を評価する学習が支配的になれば、あたかも授業の題材に関心があるように振舞い、教員の前で態度を良くすれば成績に反映されるようになってしまった。このような学校生活を送れば、表向きの態度と、自分の殻の内部での行動に違いが出てくる。何が権威であるかを判断し、それを意識して姿勢や返事などの態度を学習して育ってきたわけである。この「観点別学習」と内申書重視の学校教育が浸透してきた結果、「はい、わかりました」と返事はするが、何もわかっていない学生が増えてきた。このような学校教育により、外面と内面の二重性を持つ人間形成が浸透した。これは、その場をつくろう権威主義的作法である。しかし、大学は権威主義でなく個人主義である。各自が理解して、その理解のうえに自分の方針を自覚し、行動に責任を取ることが要求される。

大学では、学問に裏付けられた自らの主張を展開することも求められる。大学では講義・実習、卒業研究でも、理解できなければ何も進まないし、単位も取れない。「関心・意欲・態度」のポーズは無用の長物であり、学業の障害にしかならない。その結果、学業からの回避という行動が現われる。「関心・意欲・態度」で育った今日の学生は、観点別学習による誤った理解から個人主義に立った理解へ、ライフスタイルを切り替えなくてはならない。

自己主張の重要性

学業に困難を抱えている学生の様子がおおよそ明らかになったと思う。誤った人生の解釈をしてしまう「こころ」を持っていて、それを修正するための他者とのかかわりに弱さがある。さらに、「関心・意欲・態度」の評価により、課題達成の解決方法では表面的姿勢で済ませてしまう。その結果として、課題を克服するための勇気付けが起こりにくく、回避することで解決しようとする補償行動が選択されやすい。このような青年期を過ごした結果、困難を抱えている学生は徐々に人生が狭まってくる。

授業や研究室で、このような学生に自らの意見を求めると、かん黙に陥る。発問の内容や方法をあの手この手で何度変えてもまったく答が返ってこない。「このような場合、君だったらどうする」と質問すると、「……」となる。仕方がないので諦めてしまうと、彼らの「こころ」は、それで済むと解釈する。何か意見はあるが、自信がなくていえないのかと思っていたが、そうではない。本当に「……」なのである。また、「○○がわかる人」に対して誰も挙手しない。「○○がわからない人」に対しても誰も挙手しない。このような講義室が増えている。

文科省以下、「アクティブ・ラーニング」なる言葉が流行し、能動的に学ぶことがもてはやされている。中央教育審議会や文科省がアクティブ・ラーニングを実現したいならば、早急に「関心・意欲・態度」の観点別学習の誤りを率直に認め、撤回すべきである。現在、文科省は、大学教育に対して、①知識・技能、②思考・判断・表現力、③主体性と協働を求めているが、実態と目標に乖離があり、上滑りすることを危惧する。

大学の授業では、それでもめげずに発問を諦めないでいると、嫌われることになる。学生もやがてそれ相応の年齢になれば管理職になり、一定の方針を提起したり、判断を迫られることもあるはずである。そのようなときに、困らないかと心配するのは教員だけで、当の学生は心配していない。権威主義の思想・哲学を埋め込まれると、自らが在り方を考え決断する民主主義の思想がない。どうすればよいのかを権威に従い、判断するという姿勢が明確である。

学業に困難を抱えている学生像は、自己主張を持たない学生にピタリと当てはまる。「自己主張」とは、自己中心的でわがままや自分の要求を通そうと無理難題をいうことではない。いわゆる我が強いことではなく、自己の理解、意見および考えを他者に伝えることを意味し、とくに、正式な場で自らの意見を表明することである。

同時に、他者の意見や考え、要求をしっかりつかむことも大切となる。学業に困難を抱えている学生は、このような真のコミュニケーションの弱さを持っていることを感じる。自己中心的な結果として、自己主張ができないと考える見方もできる。自己中心が改善できることと併せて、自己主張ができるように訓練することも大切となる。

自我の形成

ここでは「自我」の哲学的定義、心理学的定義を述べるわけではない。あくまで、物事を考え行動する本人の「こころ」について考えている。「こころ」は、自分はこうありたいと願ったり、そこへ向かうための方策を求める。自我は、幼い頃はあやふやで、変化が激しく、気まぐれである。それが年齢とともに形づくられ、現実味を帯びるようになる。青年期に入るとそれがより具体的な形になり、自分の専門や職業へと発展していく。自我というものがいつまでもあやふやで空想的では、大学生活が行き詰まってしまう。

自分がどのような人間かを知り、自分の能力を見定めて、何を目指していくべきかを考えるのが青年期である。より明確な目標を持つためには、自分を知ることが欠かせない。自我とは、自分とは何であるかを認識した結果であり、それをより正確かつ具体的なものに仕上げていくことが求められる。青年期に他者としっかりかかわり合って、自我を形成してきた人間であれば、別に問題はない。しかし、自己主張ができず、他者が視野に入らない自己中心的な学生は、自我の形成が十分とはいえない。

自我形成されないと、自分は何をなすべきかがいつも曖昧となる。そうであれば、自分の所属している学部や専門科目が、本当に自分にとって必要か否かもわからない。大学で学ぶ内容とその意味を理解するのにも、自分というもの自我があって初めて意味を持つ。ある学生は物理学を極めることが深い意味を持つし、それとは別に歴史を学ぶことが意味を持つ学生もいる。それの判断と決定は、各自の自我に向き合うことで決まる。しっかりと自我が形成され、自分の人生に納得と確信を持つことで、目の前の学業の意味付けができる。

他者との葛藤や人間的関係をつくり、自分というものをつくってきた学生は、自分の学びにも責任と自覚が生まれてくる。彼らは、大学で学ぶこと自身が意味を持っている。いろいろな文学を読み、社会の出来事や現実にもしっかりと自らの視点を持つことが求められる。また、自分の愚かさや人間的な面にも包み隠さず向き合い、自己変革することが必要である。他者の厳しい指摘にも耐え、自我は形成されていく。

学業に困難を抱えている学生は、自我形成が不十分であり、大学で自分の専門を学ぶことと自分の人生が一致しないし、何を学んだら良いのかもわからない状態になっている。唯々、国公立大学、有名私立大への合格者数だけを競う進路指導、良い大学を目指す意味のない人生選択では、「こころ」が無理をきたすことになる。気休め的に、アルバイトやサークルをしていても月日は間違いなく過ぎていく。あっという間に自分が納得できる職業や生き方を決めなければならない時期がやってくる。就職活動も、自我が形成されていないと進路の選択ができず、「リクルートナビ」のような就職支援サイトを検索して意志決定する。あの学生が、なぜその職種にと首をかしげることも多い。教員から見て、自分の適性を考えて選んだのか心配な学生も多い。

何件も採用試験に落ちると、採用されるならどこでもよくなってしまう。気が付くと、本人も不本意な就職をしてしまう例を見ると、どうして教員に相談しないのかと残念に思うことも多い。教員から就職でコメントされるのを怖がり、内緒にして採用試験を受けに行き、採用内定を貰っても、それを指導教員に報告するのを躊躇する学生もいる。

四年間も学生を見ている教員は、その学生の能力も適性も熟知しているものである。学生自身が、他者の意見を取り入れて就職や進路を考えようという気持が足りないことを感じる。「自分は○○に就職しようと考えていますが、先生はどう思いますか」くらいは率直に質問を投げかけてよいのではないだろうか。教員がいろいろなコメントをしたとしても、最終的には本人の裁量である。自我形成が不十分な学生は、他者の意見をしっかり聞きながら、自ら責任を持って決断することが苦手である。

自立できる「こころ」

この章の最後に自立について考えてみよう。人間は、空気、水、太陽など自然なしに生きることはできない。人間は、生涯を通じて完全に自然に依存して生きる宿命にある。しかし、いつまで経っても自ら歩こうとせず背負われてよいものだろうか。働きもせず、親を当てにした生活はどこかで限界がくる。自らの考えや意見を持たず、もっぱら周りや親に合わせて生きて、幸せになれるだろうか。

身体的に、経済的に、精神的に自立することは、人生において最も重要である。「オギャー」と生まれたときは、誰もが自己中心的な存在である。お腹が空けば、泣き叫んでおっぱいを飲ませてもらう。おしめが濡れれば交換してもらう。すべて親にしてもらい、完全に自己中心的、すなわち依存した生活である。まさに親なくして、乳幼児は生きることはできない。

このように、子どもは依存して保護されて初めて育つことができる。このことは、自己中心的な存在であるがゆえに依存的存在であることを示している。自己中心からの脱却は依存からの脱却であり、同時に自立の獲得と見ることができる。

「大人になること」の節で述べたように、「こころ」が育つことで、少しずつ他者を理解するようになる。子どもは、日々の生活のなかで身体的および精神的に力を付けてくる。依存から自立へと向かうことが、成長・発達である。成長するに従い、「こころ」は親や教師から授けられた理解・解釈から離れ、未熟ながらも自らの考えで目標や方法を選択しようとする。大人から教えられた考え方を否定して、自らの「こころ」で判断するようになることは、まさに精神的自立の第一歩である。

自分から見た自分のことを「自我（アイデンティティ）」といい、他人から見た自分を「自己（パーソナリティ）」という。青年期に入ると、徐々に他者というものが見えてくると同時に、自分を見る力も付いてくる。そうすると、「自分は何者で、何をなすべきか」を考えるようになる。理想とする自分、すなわちイメージとしての自分を持つようになる。そして、自我が形成されれば、現実の自分を理想とする自分へ同一化しようと行動するようになる。これを「自己同一性」という。理想と現実の差が「矛盾」であり、矛盾を解決しようと努力するのが青年期である。

本来は、自我の形成には理想の自分がなくてはならない。小さい子どもに将来何になりたいかの質問の答は、野球選手やケーキ屋さんなど実に微笑ましいものである。しかし、青年期前期から後期に至る間に、自分の人生の夢は、空想からより現実的な目標へと大きく変化する。また、「こころ」は、その目標の実現に向けて真摯な努力を重ねるように変化するようになる。

健全な「こころ」は、自分の生活や人生に「目標」というものを堅持させる機能を持っている。集団と自分は異なるはずなのに、自我が形成されていないと目標や意見を持てないので、自分を集団に同化させてしまう。そうなると、自らの目標を持つ必要がなくなる。自我形成が薄弱であれば、大学の学部や専攻を調べることもなく、将来の職業も真剣に考えることもない状態になる。結局、自我形成の努力も曖昧となる。

幼児期は、母親や保育士の励ましや期待を受けながら頑張る。人は、周りの励ましを得ながら成長する時期から抜け出して、徐々に自らの目的意識で努力するようになる。青年期からは、自我に目覚め目標に向かっていく時期となる。自我形成と自ら課した努力との相互作用で、青年期の成長は支えられている。自我の形成が弱いと、目標の認識力が低くなる。勉強をやっても長続きしない。手の込んだ問題やレポートになると根気が続かない。

大学の学習は、中学や高校と比較して格段にレベルがアップする。楽勝の講義や「優」の判子しか持っていないと噂される教員もいるが、それは一部にしか過ぎない。大学生活においては、自ら学ぶ姿勢と、強い目的意識は不可欠である。学業に困難を抱える学生は、この自我の形成に弱さがある。目的意識を持って行動することができるということは、自分の良心に反することや自分の意志と異なることに対して拒否や反対することもできるようになる。青年期の葛藤は、自我の現われでもある。

脳は可塑性があるので個性豊かに発達できるが、その反面歪みを生じることもある。幼児期の「こころ」は、大胆な仮説を立てたり、ダイナミックに修正ができる。たとえば、保育園児に同じ材料で大きさが違う玉を示し、どちらが重いかを天秤で計る実験をする。最初は自然に操作していると、子どもたちは重いほうが下がると解釈する。次にいたずらをして、大きさにかかわらず赤い色の玉は常に下がるように細工すると、子どもたちは、赤い玉は下がるものとダイナミックに解釈を修正し、天秤を疑うことはない。大人であれば、インチキをしているのではないかと疑う。なぜならば、大きい玉のほうが重いはずだという解釈と、天秤は重いほうが下がるという解釈の二つがあるからだ。しかも、自分の解釈を変えようとせず、解釈に合わないものを疑い、否定しようとする。大人になると、子どものようにダイナミックに解釈を修正することはなくなる。だから、青年期までに「こころ」の誤った解釈を修正しておくことの意味は大きい。

さて、自我の形成が弱いと、目標の認識力が低いためにいつまでもだらだらと仕事をしてしまう。結局、卒業研究の仕事はなかなか終わらないどころか、期限や目標を質問すると曖昧になっている。早く完了して次に進もうという気持が起こらない。その日暮らしのようなライフスタイルになる。昼夜逆転の生活も見られる。予定をすっぽかしたり、時間の管理ができないなどもある。このような困ったことの特徴を見ると、もしかしたら発達障害の事例に近いのではないかと疑う節もある。[6]

そのような場合は、どの大学にも相談窓口や保健管理センターがあるので、遠慮せず訪ねてみることも解決方法の一つかもしれない。

もし、発達障害の診断が出れば、それを前提にストレスのない生活や環境を整備する方向へ対策を取ることになる。支援を受けて理解者・支援者を増やし、困っているときは助けてもらうことができれば、自分の直面した困難にくじけてしまうことも防ぐことができる。ただし、今の発達障害を固定化して決定論的に考えてしまい、より良い人生を目指した課題や、自分をどう成長させていくのかという課題を諦めてしまうことのないように注意しなければならない。

発達障害でなければ、本人の「こころ」の誤った理解や解釈に起因するのであれば、改善の余地があることを見逃してはいけない。改善がなされれば、今まで避けたり先送りしていた困難を少しずつ乗り越えて、新しい自己を実現できる。どのようにして。今の自分と向き合いながら、現実の自分を知り理想の自分を持つことで、自我が形成される。その両者の差(矛盾)を埋める努力を日々続けることしか思い浮かばないが、その努力のなかから自我は生まれてくるはずである。自我の形成が、自立できる「こころ」をつくる。

6　発達障害の場合は、学業に限らずサークル、部活動、アルバイトなど生活全体にわたり、トラブルやコミュニケーションの問題を抱えている。

第三章

学業への回帰と退却の克服

目標と方法の乖離の認識

前章では、学業に困難を抱える学生の「こころ」の形成過程と特徴的行動について述べた。しかし、それをどのようにして克服したらよいのかについては、明確な指針があるわけではない。あったとしても、万人に適用できる治療方法はない。なぜならば、人間は千差万別であり、一人一人の人生の意味の解釈が異なり、修正すべき点も異なるからである。ただし、人間としての共通性、普遍性もあるし、共同体感覚を身に付けるなどの共通点もある。

人間はどうあるべきか、どのような生活がストレスが少なく、リスクが低いかについては、理解を共有できる点も多いはずである。要は「こころ」の問題なので、本人が共同体感覚に則して目標と方法が選択でき、それに対応した行動に勇気付けができるようになることが大切である。

現状と進路について、学業に困難を抱える学生と話をすると、彼らの考えや実生活から判断して、目標と方法の乖離が見られる。そして、本人はその乖離について疑問を持っていないことも特徴である。

たとえば、

・卒業年度になるのに、必修の授業を未だに聴講し、卒業研究はまったく手を付けない。それでも、四年で卒業できると思っている。
・卒業の見込みがほとんどないのにもかかわらず、何の疑問もなく就職活動をする。
・午前の授業を欠席して単位を取れないのに、深夜のアルバイトに問題を感じない。
・朝の起床ができないので、徹夜をして一限の授業に出席する。これをグッドアイディアと思う。
・週五日の登校もできないのに、やればできると思い込んでいる。

これらは、ほとんど正気でないと思われるライフスタイルである。これでは、四年で卒業するという目標と実態が乖離している。目標が達成できないのは明白である。しかし、自分は達成できると考えているし、何の問題もなく普通の生活をしていると思い込んでいる。ここに、「こころ」の問題がある。

四年で卒業するためには、「どうしなければならないか」という具体的かつ正しい目標を設定しないか、設定できない。そのために、方法も検討しないし、今までの生活を継続する。これは、自分自身の現状を客観的に認識することができていないことを意味している。自分と真摯に向き合うことが必要となる。他者が言葉で本人の矛盾を指摘しても解決しない。なぜならば、指導教員をやり過ごすために「そのとおりです」と言葉のうえで形式的に認めるだけで、本人は内面でそれを認識していない。

現実を深く認識し、目標と方法を再度検討することが必要である。本当に卒業後何をしたいのか、何であればできるのかを真剣に考える必要がある。そして、その目標に対して、今のライフスタイルは妥当であるかを考えなければならない。たとえば、「将来トリマー[1]になりたい」という学生がいる。だが、本人はそれと縁もゆかりもない専攻にいる。その一方で、トリマーを目指して何もしていない。これでは、目標と方法がまったく乖離している。学業に困難を抱えている学生は、目標と方法の乖離がある。本人がこの乖離を自ら理解して、変えなければならないと解釈することが必要である。

前述のことを言葉で表現するのは簡単であるが、実際に学生本人が目標と方法の乖離の認識に至るには、長い道のりがある。研究室にいれば毎日、日によっては何度も、実験や研究の目的と方法について話し合う。また、人生の目標と方法についても話し合うことも多くなる。卒業研究を通して目標と方法の一致について、繰り返し、粘り強く、指摘して話し合う以外に方法はない。

困難を抱えた学生に、日常的に見られる問題は、約束の時間に遅れてきたり、方針を曖昧にして仕事が進まないなどである。いろいろな機会を捉えて、その学生の「こころ」の

1　トリマーは、犬や猫の美容師である。「グルーマー」ともいう。

働きをお互いに考えるしかない。そのような微々たることがいくつも重なり、やがて量から質への変化が訪れる。学生自身が、もしかしたら、自分は何事も目標と方法を曖昧にして生きているのではないかと気が付くようになれば、大きな成果である。

学業に困難を抱えた学生は、卒業するという目標に向かっていないので、正業の見込みがなく、留年を経て「勉学意欲喪失」「進路再考」という事由で退学届けを提出する。教授会では、仕方がないという扱いで処理される。そのなかには「目的と方法の乖離」があり、その認識が持てない弱さを持っている学生が含まれている。しかも、その学生をガイダンスやパンフレットなどの間接的な手法で改善に導くことは不可能に思う。やはり、直接の対話により個々の問題について生活を通じて変えていく生活指導しかない。しかし、そのような機会が人生においてどれだけ用意されているかを考えると心細くなる。

専門の授業や実習で小まめに指導できる学科は、チャンスがあるのではないだろうか。卒業研究やゼミは対応するのに良いチャンスであり、卒業研究はそのような学生の転機となることが期待できる。卒業研究の単位が必修でなく選択というような、学生に無関心な学部や学科ではそれも期待できない。逆に、そのような学部では、卒業のハードルも低く、学生も学業に困難を感じないかもしれない。

前章で述べたように、「こころ」の発達のなかで誤った人生の解釈をしてしまう傾向を持ったために、「目的と方法の乖離」が生じてしまう学生がいる。それに付け加えるならば、近年の日本社会を見渡すと、学生、若者が夢や希望を持ちにくい社会になっている。目的や方法を大切にしても無意味ではないかと、学生から反論が返ってきてもおかしくない。そのような面から見ると、目的と方法の乖離について学生だけに責任を負わせることは正しくない。

決定論から目的論へ

「こころ」を改善するためには、理解の仕方を変えることも大切である。たとえば、学生が「自分は物理が不得意なので、力学ができない」と理解しているとしたら、力学をなるべく避けた聴講の行動を取る。そのような解釈で行動する学生は、何事も回避し、易きに流れるように見受けられる。行動を起こす以前に、物事の解釈が決定論的に解釈され、行動の意欲が低下している。

「自分は朝起きられない」ゆえに「一限の授業は出席できない」という決定論的解釈を変えない限り、午前の講義の単位は取得できず、いつまで経っても卒業はおぼつかない。このような決定論的解釈が随所で現われる。卒業研究の中間発表や試験が近くなると、熱を出したり目眩を起こして欠席する学生もいる。発熱、目眩を克服しない限り、課題の解決はない。自分のこれまでの現状を固定的に捉え、目の前の課題を解決できないものとして認めてしまえば、回避するようになる。そのような雰囲気が蔓延しているクラスでは、卒業論文の研究室の配属希望に典型的に現われる。当然、楽をして卒業できる研究室に学生が集まる。このような理解と選択行動が、学業から生活全般にわたり一貫している。

自分の目的とそれを達成する方法を変えることが重要になる。そのポイントは、決定論から目的論へ理解の仕方を変えることである。自ら真の目的をしっかり捉えて、それを中心に考えることである。自分の目的を、四年で卒業をしたいのか、本当に四年で卒業するのか、社会人として働きたいのかと真剣に考えれば、朝起きられないようでは目的を達成できない。社会人として働ける人間になるためには、「自力で朝の起床ができる人間にならなければならない」と自分の意識が変わってくる。目的に合致した方法を取る意欲が育ってくる。正しい方法を取り入れる人間になることも目標にするように意識が変わってくる。

ある学生は、自分は「朝起きられない」と決定論的に理解していた。朝起きの対策として目覚まし時計を三個も用意していた。このような行動の根底には、自分は起きることができないという、自分への不信がある。当然の帰結として、一限に間に合うことはなく、遅刻を続けることになる。何十個も目覚まし時計を用意しても役には立たない。しっかり認識すべきことは、目覚まし時計をたくさん用意しても、朝起きできる人間をつくることはできないという事実である。

朝寝坊する学生は、朝一度目覚めているのにもかかわらず、また寝てしまうことが繰り返されている。目が覚めないのではなく、起きて大学に行こうという「こころ」がないのである。だから、二度寝をしてしまう。せいぜい起床するのは、寝ていることに飽きて布団から出るからである。指導すべきは、目覚まし時計を使わないで、目覚めたら布団から出て大学に登校する「こころ」を持つように支援することに尽きる。目が覚めたら、布団から出て活動する人間へと自己変革すること以外に打つ手はない。

目的論に立って、自らの生活の解釈を一つ一つ点検し、正しい認識と行動を促す指導が求められている。

課題の整理

困難を抱えている学生の様子を見ていると、解決すべき課題は複雑かつ多岐にわたる。はじめは、夜のアルバイトをやめれば解決すると解釈する。しかし、アルバイトをやめただけでは何も改善しない。夜間のアルバイトが第一の課題であったことは確かである。しかし、アルバイトをやめても、昼夜逆転の生活は解決しなかった。次の課題として、昼夜逆転の生活をどのようにして改善するかを考えなくてはならない。このように、幾重にも課題が層をなしており、一つの課題を解決すると次の課題が見えてくる。そのようにして、生活や考え方を深掘りしていく過程をたどる。下宿での生活スタイル、学習、人間関係、サークルなども新たな課題として、改めて点検して課題を整理することが必要である。

そのようにしてみると、勉学に割く時間はきわめて少ないし、読書の習慣もない。アルバイトやサークルなどの学業の障害を取り除いてゆくと、本人の生活や人生の理解の問題が徐々に明らかとなってくる。何の障害もなくなり最後に残されるのは、朝の登校が依然としてできない事実である。努力して一年経っても、平日五日の全日登校ができない。アルバイトやサークルをやめてみてはっきりすることは、アルバイトなどは表面上の障害であるだけで、もっと深いところに、本人ですら気が付かない見えない課題が潜んでいる。

身の回りの明確な課題を一つ一つ整理して解決することで、新たな課題が少しずつ見えてくる。はじめは、内面にある深い課題が何かは、本人も援助する教員にもわからない。アルバイトやサークルをやめることで解決する課題は、その気になれば簡単に達成できる。しかし、内面に潜んでいる課題は思うように解決できない事例が多い。とりあえずの障害がすべて排除されて、学業だけが残される。そして、規則正しい生活ができない、約束した仕事を曖昧にしてしまう、一週間で仕上げる仕事が一か月しても何も着手されていないなどが、少しずつ明らかになってくる。この段階になると、アルバイトやサークルや人間関係を理由にして学業ができないと見なしていた「こころ」に気が付くようになる。アルバイトなどに隠れていた本当の課題がようやく認識できる。

これまでの経験では、卒業研究の活動を通じて、半年、一年の長い時間をかけて、ようやく人間としての本当の課題が見えてくるようになる。そのような段階を経てやっと自己形成に着手する動機付けができるようになる。ここから、地道に改善を続ける日々が続くのである。

やればできる？

「やればできる」という言葉はよく耳にする。子どもたちを励ますために教員や親がよく使ってきた言葉である。そのためか、学生たちも「やればできる」をよく使う。やればできるということには、自分には能力が備わっており、何でも人並みにできることを前提としている。「やればできる」という励ましを否定するわけではないが、学業に困難を抱えている学生のことを考えると「やればできる」という言葉については、よく吟味して考える面もある。たとえば、朝の起床ができない学生に、それでは社会人になって困るのではないかというと、「社会人になれば、毎朝早起きするようになる」の返事が返ってくる。それならば毎朝登校してみてはどうだろうか。ある学生は、新採用された初日の辞令交付日にアパートで寝坊していて、新任校の教頭が起こしに来たという例もあった。

できるかできないかは、実際にやってみて、その結果を見て事実として証明されるものである。実際にやっていない人にその能力があると断定することはできない。たとえば、朝早く起きようと思えば起きられると信じているだけで、十回に何回起きられるのかを試してみて初めてわかる。コンピュータのプログラミングもできると思っているだけで、実際にプログラミングをさせてみると、とても単位が取れるとはいいがたいことがわかる。

困難を抱えた学生の卒業研究や学習を綿密に見てみると、本人が何の根拠もなく、できると信じているだけで、実はその能力がないことがたくさん見つかる。本人も指導するほうも、本人ができるか否かを実際に試してみて事実という根拠に基づいて、改善や支援を展開することが大切である。できるつもりであって、実際はできない、その能力がないことも認識しないと、本当の成長が見えてこない。観念による評価ではなく、事実に基づいて自分を評価させるように指導することは大切である。

「怠けていて、しないだけ」という言い訳もよく聞く。これは明確にいえば「怠惰」である。怠惰というものの怖さは、それを実行する能力がないのにあるように見てしまう点にある。二度も単位を落としている科目を三回目に聴講する学生に、大丈夫かと尋ねると、今までは欠席していたが今度はちゃんと出席するので、大丈夫と返事が返ってくる。出席もしない、まじめに勉強もせず、どうしてその科目の単位が取得できるのか、何の保証もないのに自分にその能力があると解釈している。

百メートルを何秒で走れるのかは、走ってみないとわからない。過去のタイムと現在ではまた異なる。何事も事実に照らして能力があるかを考えなければならない。それができれば、その足りない分の能力をどうやって身に付けるかの方法を考えることに着手できる。

怠惰のもう一つの怖さは、課題の解決をすべて先送りしてしまうことである。やればできると過信したままで、実際にその課題に着手することを先送りしてしまう。直面する課題に着手しないで、取り組むことを放棄する。このようなことが重なり、試験目前まで何もなされないことが多く、それが原因で単位を取得できない。レポートや卒業研究でも同様である。卒業研究の中間発表の直前になり、何かしようとしてできるはずがない。「課題の先送り」の改善は、学生の支援において最も重要なポイントである。

このように、怠惰は学生の自信のなさ、能力が備わっていないことを覆い隠してしまう。また、能力のないことを気付かせず、課題への取り組みを避けさせ、先延ばししてしまう。

それを克服するには、明確に事実に基づいて科学的認識をする以外に方法がない。朝の登校であれば、毎日登校時間を記録して、いかに朝起きられないのかを認識するしかない[2]。それに対して、現状を見つめ正しい判断ができないならば、正気ではないことになる。事実を受け入れ、自分の現実を正しく認識するように支援することで、正気になれる可能性が出てくる。

目的をつかむ認識力

私たちが講義や実習で話をしているときに、こちらの目的をつかむことに注意が向かず、重要なことを理解していないために、話が通じていないことがよくある。目的の認識が苦手な学生は人の話をよく聞いていない、と感じることがよくある。仕事をいつも先送りし、期限を守れなかったり、ついさっき指示した方法を勘違いして別なことをすることがよくある。このような学生の行動をよく分析してみると、彼らは相手の話や指示から目的をつかむ認識力が低いことに気が付く。

いろいろな会話があるが、仕事のうえで大事な話の要素は単純である。つまり、話の仕手は、ある目的を持っていて、そのための方法や作業を相手に伝えている。受け手は、その目的をしっかり認識し、そのための方法や作業を理解すれば十分に意思疎通ができている。しかし、彼らは教員の話を聞いているが、何をするのか、作業を漠然と聞いているだけで、何が目的かにはまったく無頓着である。目的がまったく抜け落ちていることが多い。

教員が学生に実習の内容を説明するとき、目的をしっかり理解している学生は、ほぼ的確に行動することができる。的確に目的をつかんでいるので、指示した作業の手順・内容が曖昧であっても、目的に照らして合理的に判断することで、作業の手順や内容の曖昧な部分を修復することができる。ほぼ問題なく、スムーズに作業を完了できる。

一方、目的の認識が苦手な学生は、目的がすっかり抜け落ちた状態で、曖昧に聞いて印象に残った内容から推測して作業を展開するので、予想もつかない手順になる。こちらが途中で彼らを見て驚いて、何のためにこのようなことをしているのかと目的を尋ねても、彼らに目的は欠落している。「そういわれたのでしています」と意味のない作業をしている。

相手の話から目的をしっかりつかみ取る「こころ」を持つことが大切である。「電話がありました」と伝言を貰ったならば、その人が自分になぜ電話をしてきたのか、その目的が非常に気になる。あることを依頼されれば、なぜそれを依頼されたのか、目的がわから

2　遅刻を責めることは、克服にはマイナス効果である。登校できないことを自ら認識し、そこから動機付けを促すことが肝要である。

ないと不安である。筆者も、「何でもよいから」と原稿を依頼されると頭が痛い。だから、目的が曖昧な挨拶は大変苦手である。

アルバイトをしていれば、マニュアルや指示に従っていわれた通りにやっていればよい。目的はどうでもよい。なぜ、そのようなことをする必要があるか、などの疑問を持つことは逆に弊害になる。大学入学も無目的であるが、日々の生活にも目的を意識しないで生活していることが多いのではないだろうか。相手の話から目的をしっかり抜き出して認識する気持も、訓練もないままに育ってしまうと、目的をつかむ「こころ」の機能が低下しているのかもしれない。

実験や作業でも、目的をしっかり認識して、共有したうえで作業や手順を記憶する訓練が必要である。目的をつかむ認識力の低さを自覚して、「なぜ」「何のために」という疑問を大切にする「こころ」を育てると、仕事や作業の意味を深く理解することにつながり、学業の困難もずいぶん解決するはずである。

余談ではあるが、話や様子から隠れた目的や意図を読み取る洞察力も必要だ。「オレオレ詐欺」が横行しているが、落ち着いて考えれば矛盾だらけである。どうして欺されるのか、理由はいろいろあるだろうが、考えもせずにいわれたことを鵜呑みにすることは危険である。

無力の痛感

現状について話し合い、自分の生き方についての考え方を改善し、課題を整理して、ようやく学生自身が自覚的に規則正しい生活を目指そうとする。そのときから学業への回帰の本番が始まる。しかし、一生懸命に指導しても、生活の改善がほとんどおぼつかない事例が多い。二、三か月かけてもなかなか改善が見られない。留年するレベルの学生の場合は、本人が努力しても半年経っても改善が見られないことも多い。欠席や遅刻が一週間で一日か二日は必ずある。本人の生活はなかなか直らない。指導する側から見ていると、どうしようもないのではないかと諦めが出てくる。学生本人が努力しているにもかかわらず、悪気はないが持続できない。この段階を続けているうちに、彼らは持ち前の性格から辛くなってどうでもよいと思うようになり、元に戻ってしまう。このようなことを繰り返しているうちに一年が過ぎる例もある。さすがに彼らもここに来て、当たり前のことすらできなくなっている現実を認識するようになる。

前述のような学生への支援は、なかなか根気が必要である。本当に深刻な現状にもかかわらず、自分の意志で生活をコントロールできると思っている。コントロールできなくて、未だに改善ができないのに、自分の力で何とかなるという気持が強い。自分の力で何とかできると考えているうちは、自分の主観で世界が動いていると思っている証拠である。この段階では他者を取り入れようとしない、自己中心性がまだ根底にある。そのために、ライフスタイルが一向に改善できない。この段階の指導教員の心境はほとんど暗闇の中である。無駄な日々がどこまで続くのかと思うが、その過程で何らかの変化が起きる準備段階かもしれないと信ずるしかない[3]。当然、いろいろな経験を持っている年配教員と若い教員では差があるかもしれない。

この段階を抜け出すためには、規則正しい生活を獲得することもできず、自分がいかに無力であるかを認める心情にならなければならない。自己中心を放棄して、まずは人の声に耳を傾けてみようと認識を変えるしかない。自分はさておき、人と約束したことを素直に守る生活をとりあえずしてみようと、切り替えることが肝要である。自分の意志しか信じない結果が、何とも無軌道なライフスタイルとなり、単位も取れず留年という現実を招いたのである。

ここまできたら観念して、誠実に相手のいうことを受け入れ、それに従おうとする姿勢は、自分のライフスタイルに限界を感じていること、そして何とかして今の自分を救い出したいと切望することから生じる。このような心境になったときに、初めて介入ができるようになり、改善のターニングポイントになる。自分の無力を認識して介入を受け入れ、指導する側のライフスタイルを取り入れてみようという段階が必要なのである。

無力を痛感し、指導に耳を傾けようとする段階が、容易にやってくることはない。高校、浪人および大学の在学期間を考えると、自己中心的なものの見方で、六、七年も青年期を過ごしてきたのである。中学までは、親や教員の言うことをある程度受け入れて生きてきたであろう。しかし、高校、浪人時代に自己中心的な解釈と生き方をはじめ、他者を視野に入れることができず、自己の都合で方法を選択してきたのである。大学に入ってその誤ったライフスタイルを生活基盤にしてしまったといっても過言ではない。今さら他者や指導教員のいうことに従順に従えるであろうか。

しっかりした生活を過去に確立した大人の場合は、そこに戻ればよいので改善はしやすい。しかし、青年期に誤ったライフスタイルを確立してしまった場合は、新たにライフスタイルを構築しなければならないので、困難と被害の度合はより大きい。人生を考えても、無為に過ごした人生の損失は計り知れない。

今までのライフスタイルを変え、現実に沿った正気のライフスタイルを信じて受け入れ

3　放置と待つことは、大きく異なる。放置することは、関心を持たず指導も諦めていることである。しかし、待つことは見守ることであり、その期間しっかりと観察し、現状の認識を本人と共有することを持続的に行なう。放置と待つとでは、精神的努力に大きな差がある。

られるようになると、改善への第一歩となる。自分ではどうにもならない無力を感じ、自分を大きな神の力に委ねるようになることを「底付き」という。[4] どんな学生でも、改善するのに底付きが必要なのであろうか。その有無については、万人の経験を統計的に処理しない限り確定できない。だが、学生自身が自分のライフスタイルに病識を持ち、保健管理センターや相談窓口を訪ねたり、精神科を受診するのであれば、程度としては回復しやすいケースではないだろうか。カウンセラーや医師の場合は、診察室での面接のみであり、二次被害に遭わないように患者との距離を保つことが鉄則になるので、対応する症例は軽く病識があり、治療の意欲のある学生である。

私たちが学生指導で困るケースは、どちらかというと重い症状が多い。まったく病識はなく、他者との約束をまったく守れず、それを問題として苦しまない。とくに、学業に対する意欲が低く、欠席が目立ち、留年が予測できるにもかかわらず、本人の誤ったライフスタイルを顧みることができていない。極端な場合は、学業困難の原因を教員やクラスの学生に転嫁する例もある。しかも、研究室や学科は彼らの言動により大きな影響を受ける。いわゆる、信頼関係がつくられないケースに該当する。このような場合は、ライフスタイルの改善は困難となる。他者との信頼関係を形成できない学生・親の場合は、解決が困難になるケースが多い。

小学校で困った児童によって教室が混乱する例があるように、大学においても、やる気がない、欠席も目立ち、レポートも提出する気がない学生を実習班に組み込まれた班員たちは大変迷惑をする。実習指導も混乱し、大学教育に看過できない影響を与える。周囲にどれだけ取り返しのつかないことをしているのか、本人はどこ吹く風である。

かつて、学生たちが研究室にやって来て「私たちは、○○さんに困っています。これ以上一緒に実習はできません」と訴えたことがある。私は、「そういってくるのを待っていたよ」と答えたことがある。実習の前に、当人を研究室に呼び出して「また実習することになるので、二回目かつ先輩なのだから、その意識を持って実習するように、間違っても後輩の足手まといにならないように」と指導していたのである。当の本人も「よくわかっています」と返事したにもかかわらず、このような事態になる。学業に対する努力がほとんど感じられず、実習における他者との協働ができないので、同じ班の学生は困り果てる。

大学の教員も保護者も困惑しているが、本人にはそれが伝わらない。指導教員を苦しめているのに、本人はその認識がまったくない。こちらをわざと困らせようとしているのかと思うくらいであるが、悪意なくそれをしているところに特徴がある。指導教員も諦めて、もう放り出して無関心でいるほうが精神的に良い。無理に指導して怒ったりすると、「パ

4　「底付き」は依存症の回復プログラムでよく使われる言葉である。依存症については後述する。

ラハラ」といわれてしまうこともある。本人が、自分の力ではどうしようもない、無力だと感じ、他者のいうことに従ってみようとするためには、毎回、粘り強く、繰り返し指導することと以外に方法はない。

粘り強く、何度も繰り返し指導するのは楽なものではない。ともすると、懲戒を与えることで指導を通す方法も頭をかすめる。単純に怠けている学生には、叱ることで効果を期待できるが、問題を抱えている学生には叱っても効果がないのが現実である。留年しても改善効果がないので、懲戒には法律学でいう「予防効果」を期待しても無駄である。

そもそも学生に対して罰を与えても改善は期待できない。罰を受けた本人は、共同体に対する嫌悪感を増大させる。また、罰を受けたことを理由に、大学教育に向き合うことを否定する根拠を与えてしまう。懲戒により効果を期待する指導法は縦の人間関係であり、前述した横の人間関係を否定することになる。自己中心的なライフスタイルを変えようと思って努力しても変えられず、本人自らが無力感を抱き、他者を受け入れようという「こころ」になるまで、長い道のりがある。

規則正しい生活

学生が、自分のライフスタイルが学業の障害となっていることを、ようやく自ら認識する。しかし、自分の力でライフスタイルを改善できず、もがき苦しみ、無力を感じて「他者の指導を受け入れよう」と感じるための手立ては、取り立ててあるわけではない。それに効果がある薬や方策があれば、ぜひ教えてほしい。私の経験では特効薬はない。他者に委ねようと思うまで、長い日月を要するが、効果が期待できる唯一の方法は、毎日研究室に来て卒業研究をすることである。

とくに、一限に間に合うように研究室に登校し、夕方まで授業と卒業研究を地道に続けることである。要は、規則正しい生活である。規則正しい生活以外に効果を発揮した例はない。また、卒業研究をすることで、学業と向き合う時間が格段に増えてくる。教員との対話もずいぶん多くなる。卒業研究の実績ができてくると、自分への自信にもつながり、勇気付けになる。

勤労市民であれば、朝起きて出勤して労働し、夕方に退勤する。週五日を通して働くことができなければ、何らかの問題を抱えている。朝起きられず、意味もなく下宿でダラダラ動画を見たり、ゲームをして時間が過ぎていくようではまずい。学生が意外と知らないことに、日本国憲法の第三章「国民の権利及び義務」がある。第二七条には「すべて国民は、勤労の権利を有し、義務を負ふ」と明記されている。働くことは権利であり義務でもある。学生として、学ぶ権利と義務を負っていることになる。学ぶ権利を放棄し、学ぶ義務も自覚できないならば、形式的には学生の身分でありながら生活の実態は学生ではなく、失業者・浮浪者と同じ状態であり、精神的に好ましくない。ここにも、目的と方法の乖離と同様の構造が現われ、学生の肩書きと生活の実態に乖離が見られる。

それでは、規則正しい生活は、何を意味するのであろうか。規則正しい研究室活動を基礎にすると、本人の生活がいかに不規則で、乱れているかが明白となる。このままでは、社会に出て働くことは難しいことも自覚するようになる。五日間だけでよいので、毎朝八時半に登校することを勧め、本人がそれを目標に努力してみる。しかし、それがパーフェクトにできないのである。初日から欠席することもあるし、数日すると九時過ぎになることもある。パターンはいろいろあるが、たった五日間の登校ができないのである。

毎朝八時半登校ができれば、社会人としては、無遅刻、無欠勤であるから、働くことの最低ラインの能力を有することを実証できる。このような目標の設定と確認をしても、五日間パーフェクトに登校できるのに一年もかかるのである。それでも規則正しい大学生活を獲得できたならば、大成功である。規則正しい生活をすれば、単位も取れ、卒業研究も進むようになる。卒業研究の実績ができれば、信頼関係が生まれ、かつ自信につながる。これが次のステップに必ず良い影響を与える。やがては、就職も考えることができるようになる。

もし、それでも規則正しい生活が獲得できない学生に対しては、教員も支援を諦めてしまうこともある。本人も途中で諦め退学したら、親元に帰って引きこもりになることも危惧される。もし、親に解決できる力があったならば、大学入学前に改善できたはずである。しかし、大学生になると、親の力ではもうどうしようもないと思う親御さんも多いのではないだろうか。もしそうであれば、大学の指導教員に任せてみようか、と考えてみることは貴重な一歩になるはずである。

何の手立ても取らず、安易に諦めても改善の道はない。在学中に「底付き」を経験し、回復のプログラムを実践することも必要かもしれない。ただし、突き放して「底付き」が自動的に起こることはない。規則正しい生活を目指して努力し、その真摯な自己変革のなかに「底付き」「無力の痛感」があるように思う。「底付き」「無力の痛感」は、決して目的ではない。「底付き」「無力の痛感」は、他者との信頼関係と動機付けに「こころ」が向くことを意味している。

規則正しい生活を繰り返し続けると、さまざまなことがわかってくる。良くない人間関係が見えてくる。「毎朝、大学に登校するのはおかしい」「おまえの指導教員は狂っている」と、彼らの友人たちはありがたい(?)アドバイスをする。友人たちは、本当に本人のことを真剣に考えてはいない。友人たちは、自分たちの乱れた生活を正当化するために、その学生に誤った解釈をさせようとしているに過ぎない。このような友人を持ったことも、その学生の不幸といわざるを得ない。本人がようやく真剣に自ら授業の予習・復習をしようとしているのに、そんなつまらないことはやめて、もっと楽しいことをしようと邪魔をする。

しっかり自己の管理ができる学生には、卒業研究の時間管理を本人に任せ、自分の裁量で卒業研究の時間を配分することは何の問題もないし、私は自主的に卒業研究を進めることを奨励する。しかし、自立した生活ができない学生に卒業研究の時間を自由に裁量させたら、不規則な生活に戻ってしまう。規律と自由は表裏の関係にある。将来、自由を与えられるからこそ、その前に規律をしっかり身に付けていなければならない。自覚的規律の確立を曖昧にしたまま自由を与えられてしまったのが、今日の大学生のように思う。

依存症に学ぶ退却の克服

生き方を見直し、ライフスタイルを変えようと努力を重ねると、やがて自分ではどうしても変えられないことに気が付く。そして、本人は葛藤に陥り悩み始める。そのような過程を通して、自分のライフスタイルを変えることに無力であることを認め、他者のいうことに心を開いて、それを自分も実践してみようという気持になってくる。しかし、朝起きて研究室に行かなければならないのに、気持も足も向かない。何かと口実を見つけて、回避してしまう。ついに以前と同じように、もうどうにでもなれと思った瞬間、気が楽になり、何となくすっきりしてくる。せっかく努力してより良い生活へと前進してきたのに、退却してしまう。

　私の看てきた学生は、前進と退却の繰り返しである。手も足もある五体満足で健康な身体を持ちながら、誰も邪魔していないのに「したいのに、できない」「しなければならないのに、できない」の連続である。朝は七時くらいに目が覚めているのに二度寝をして、目が覚めると九時過ぎである。そんなとき、普通の学生は寝坊しても急いで飛び出すが、困難を抱えている本人はそれができず、つい諦めてしまう。

5　学業に困難を抱えた学生の症状や行動を見ていると、依存症の症例とよく似ている。参考図書として依存症の図書を紹介しているので、読むことをお勧めする。学生の指導にも参考になる。依存症の回復プログラムで提唱されている一二ステップの理解は大変重要な示唆を与えてくれる。自助グループの活動や家族会などの活動も大いに参考となる。

このような症状は、「依存症」によく似ている。[5] 依存症を克服してきた人たちの壮絶な体験は、困難を抱えている学生の勇気付けにもなる。依存症といっても、アルコール、薬物、買い物、ギャンブル、窃盗、強制わいせつなど多種多様である。依存症の共通点は、「やめたいのに、やめられない」である。依存の名の通り、それなしでは生きていけない。依存から抜け出ようとしても抜け出せない。依存症は、意志や根性では治せない。病とみなして、治療することが必要である。

依存症は、本人の意志が弱いことが原因ではなく、病気であり、治療しなければ治らない。薬物依存の患者を逮捕して刑務所に入れても治らない。回復プログラムのステップを一つ一つ歩むしかない。依存症では、回復のプログラムとして「一二ステップ」というものがある。アルコールや薬物の依存症の人たちは、このステップに従い回復の道を自助グループの仲間と歩むことで回復する。

薬物依存では、薬物の服用により脳の報酬系が刺激され、ドーパミンが吐き出される。そうすると、今までに味わったことのない快感、高揚感、全能感などが一気に脳に刻み込まれる。人間の脳は苦しいことは忘れるが、うれしいことはいつまでも覚えているようにできている。薬物による快感は生涯消えることはない。薬物による報酬系の刺激は、これまで味わった快感の千倍にも相当する強烈な快感をもたらす。薬物を使わないで断わってきた人も、薬物を一回でも使用した途端、「こんなにいい薬をどうしていままで使用しなかったのか」と常用するようになる。やがて、耐性が出てきて使用の頻度も量も増加する。気が付いたときには薬の虜となってしまい、もはや本人の意志ではどうしようもなくなる。

ここまでは、そのメカニズムと症状を脳の科学で説明できるが、その治療、克服については、医学的にはまだまだ不十分である。結局のところ、「ダルク」[6]などの回復施設の生活を通して社会復帰していく方法を取る。そこでは、依存症者たちの自助グループによるミーティングを継続し、ライフスタイルの改善をしながら回復を続けることになる。また、新しく加わった人たち(ビギナー)は回復した仲間を見て勇気付けられ、回復の希望を持つことになる。その逆に、克服してきた先行く人たちは、依存症で苦しんでいるビギナーを励まし、認識を新たにして、クリーンな生活の動機付けをする。これらの依存症の自助グループ・組織は、貴重な体験と治療経験を持っている。

ダルク入寮者の一日のほとんどがミーティングで占められる。ミーティングはダルクの活動の基本である。ミーティングは、人の話に耳を傾けて聞く訓練でもある。「人の話を

6　ダルクは、Drug Addiction Rehabilitation Center の頭文字を取ってＤＡＲＣと略し、薬物依存者の回復と社会復帰のための施設である。

7　Narcotics Anonymous の頭文字からＮＡといわれる。薬物依存症者の自助グループ。

聞く習慣」が、依存症からの回復にとって重要なのである。ダルクでミーティングをする他に、地域のNAのミーティングにも参加する。[7]

学業に困難を抱えた学生の症状や行動は、「こころ」に問題を抱え「しなければならないのに、できない」という症状である。この症状は、依存症の「やめたいのに、やめられない」の逆のパターンに相当する。一般に依存症の場合は、健康を害したり、借金による生活破綻、家族への暴力などもあり、問題が顕在化しやすい。さらに、刑事事件による逮捕などもある。依存症の場合は、問題が顕在化するので、本人も家族も病識を持ちやすいので、回復して社会復帰する動機付けが働きやすい。ある意味では、依存症は陽性な症状を呈する。

これに対して、学業に困難を抱えた学生は陰性な症状である。文系などでは卒業研究も選択科目で卒業要件に入っていないので、研究室がない学生も多い。そのために、自由気ままな生活を送っている。毎日昼に起きても問題視されることはない。他の人だって深夜のバイトをやっているし、同じようにサークルに入っている。なぜ自分だけが問題視されるのか。今の自分の生活について注意するほうがおかしいのではないかと思ってしまい、問題意識が働かない。周りの友人も自分と同じ生活をしているので、自分は普通であり、おかしくないと感じる。他の学生は自由気ままであっても、しっかり学業を修め、自己実現を目指して着実に生きている。彼らはその違いに気が付かないのである。

困難を抱えた学生は、このような学生生活の現状のなかに潜んでしまい、あたかも保護色のなかにいるようになり、自分の現状を問題視できない。しかし、厳密に見るならば、困難を抱えた本人は単位を取れず、不本意な留年を繰り返している。

学業に困難を抱えた学生は、授業を欠席し、学業を回避し、研究室に行かないだけであり、人を傷つけたり、ものを盗むこともないので、逮捕されることはない。引きこもりの若者たちも、学業に困難を抱えた学生と行動がよく似ている。社会問題を起こしているわけではないので、迷惑をかけていない。しかし、不就労による生涯賃金や生活保護などを考えると、莫大な経済的損失のはずである。また、社会的信用や人間関係を築けないことは、お金以上に計り知れない損失になる。

依存症の場合は、ダルクやNAなど回復のための手立てがあるが、学業に困難を抱えた学生には自助グループなどはない。そこが依存症者の場合と大きく異なる。自助グループの代わりに研究室の指導教員とのコミュニケーションで対応するしか方法がないのが実情である。それでは、研究室に規則的に通学することで、どのような効果が期待できるであろうか。

・規則正しい生活ができているかを評価・支援すること。

・ものごとの解釈や受け止めの内容を見て、誤った解釈に気付くように示唆すること。
・生活の乱れが生じたときの気持や原因をともに考えること。
・学業の意欲を高めるような生活の点検と提案をすること。
などについて、日々の対応をすることは十分可能である。

　登校できればよいが、欠席が続くと呼び出すことやメールを出すこともあるが、その判断が実に難しい。機械的にやっても無視されるし効果もない。ほったらかしにしていると本当に出て来なくなる。このようなことが繰り返される。学生の心情は、悪いことはしているが、それでも信頼してほしいという、一五歳の少年のような心理が働いている面も感じる。

生活の見直し

　依存とは、換言すれば「自立していない」ことである。学業に困難を抱えた学生もやはり、自立していない。自立とは、共同体感覚を身に付けて自己中心から抜け出し、他者としっかりと結び付いて生きていける能力を獲得することである。本人と周りの大人が、自立と自我の形成というテーマをどれだけ意識して成長してきたのであろうか。

教員は学生の進学を第一に考え偏差値を重視し、本人も受験一本槍の安易な進路指導を受けて育つ現実も垣間見られる。同じように、アルバイトの雇用主も、学生の人生のことなど眼中になく、利益追求だけで学生を使い捨ての駒にしか見ていない。本人と周りの大人が、彼らの共同体感覚や自立の能力をどれだけ気に掛けているのであろうか。

大学においても、就職活動のガイダンスや説明会は、集まっている個々の学生の適性を考えることもなく、志望、能力や価値観を知りもしないで、ただ就職のための一般的内容で話をし、案内している。親の希望にも親のエゴが働いていることもある。地元にいてほしい、老後は面倒を見てほしいなど、いろいろな要求が出てくる。このように考えると、学生は何に耳を傾けてライフスタイルを考え、改善したらよいのであろうか。

結論からいえば、彼らのライフスタイルを実際に見て、その改善について話し合える相手は、卒業研究の指導教員しかいない。そうすると、学生に向き合って指導しようと自覚を持っている教員に巡り会うか否かは決定的に大きい。いずれにせよ、どの研究室を選ぶかは自分の責任である。なかには研究室配属のくじ引きで負けて、行きたくない研究室に渋々にやって来たが、おかげで人生が変わった幸運な学生もいる一方で、何もしなくてよいと思って楽な研究室を選んでおきながら、自分のことは棚に上げて何も指導してくれないと文句をいう身勝手な学生もいる。

生活を見直して、ようやく改善が進むようになると、不思議なくらいにものの見方が変わってくる。何とか一限前に研究室に登校できるようになる頃に、次のような質問をする。朝早く研究室に来て午前中から卒業研究するのを損と思うかを尋ねると、彼らは「かつては寝ているほうが価値があると思っていましたが、今は午前中から卒業研究するほうが価値があることが理解できるようになりました」という。規則正しい生活をすることが、人生の理解に変化をもたらす。生活を見直して生活を変えることで、ようやく人生の解釈を変えることにつながる。やがてライフスタイルの変化へと発展していく。心が入れ替わり、生活が変わるのではなく、まずまともな生活をしてみることで、やっと意味や解釈が変わってくるのである。

今まで同じ試験に三度も落ちていた学生でも、生活を変え下宿で学習する習慣をようやく身に付け、四回目で「優」の評価を得ることができた例もある。このように生活を通して行動することで、人間の内面が発達し、人生の理解を変えることができる。また、それが自分への自信となり、自分の生活のさらなる改善へとつながる。これがいわゆる「相乗効果」である。

学業に困難を抱える学生は、「信用」「誠実」の理解が曖昧で捉えるのが苦手である。そもそも人間関係は信用で成立している。たとえば、民法の第一条は、「1私権は、公共の福祉に適合しなければならない。２権利の行使及び義務の履行は、信義に従い誠実に行わなければならない」と記される信義則がある。つまり、人間のより良い生活を大切にし、ともに信用と誠実を基本に問題を解決する原則である。この精神は共同体感覚にも通じる。

一般に、人は信用を失ったり、不誠実なことはできないので、真剣に約束を守ろうと努力する。また、相手に相応の理解を得られるように努力をする。困難を抱えた学生は、信頼関係がよく理解できないので、約束を反故にしてもその意味がよく捉えられない。相手に不誠実なことをしてしまっても、それを理解していないし、後ろめたさもない。

そのために、同じ失敗を繰り返し、しかも反省することもない。本人は、反省をしているかもしれないが、彼らの行動からはそれをうかがい知ることができない。本人は、時間と努力を重ねて信頼関係をつくっていくという意味がよくわからない。そして、約束を反故にすれば、せっかくつくってきた信用がいとも簡単に失われることもよくわからない。地道に長い時間をかけて物事に取り組む経験が少なく、あったとしてもアルバイトやサークルの範囲であり、学業のなかでそれができていない。

その結果、生活を見直すときに信頼関係を壊すことがたびたび繰り返されるので、この点について本人へ働きかけて、誠実な対応ができるようにそのつど指導しなければならない。

粘り強い指導

本来、教員の職務は担当科目の授業および卒業研究の指導である。一般の学生に対して円満に教育研究の指導ができれば、何の問題もない。しかし、学業に困難を抱える学生に対する教育研究の指導はどうしたものだろうか。まったく研究室に来ないし、学習もしない。約束したことも守らないし、都合が悪ければ回避するので、電話もメールも応答なしである。誠意をもって学生に対応しているのに、それ以上のことをする必要があるのかと問われれば、それ以上の義務はない。教室としては、本人とのやりとりを保存して、対応も的確で誠実であり、何ら問題のないことを証明する記録を残しておく。結果として大学側に瑕疵はなく、本人側に誠意が見られないので、留年や退学は本人の責めに帰すことになる。[8]

本人のライフスタイルを改善し、社会に出て行けるようにしたいならば、一般的な対応からもう一歩踏み込まなければならない。生活そのものに介入しないことには、授業を回避し、卒業研究が何一つ進まない現状を打開できない。生活に介入して変化をつくり、はじめて、卒業研究が進み出す。つまり、粘り強い指導とは「介入」となる。ここでいう介入は、職務の範囲を越えて学生の指導をすることを意味している。加えて、介入するためには、ある程度の判断基準が必要である。

・本人と指導教員で信頼関係を築く見込みがある。

・本人が生活の改善を望んでおり、介入を受け入れることを希望している。

これらの基準に照らして、介入について学科会議でしっかり議論をすべきである。条件が整っていないのであれば介入はできないし、意味がない。加えて、本人の状態が芳しくないのであれば、医療的ケアと保護者との連携も不可欠である。

介入といってもその範囲は広いが、学業についての課題解決であるから、規則正しい生活と卒業研究のなかで気付いた理解の仕方の問題点を示唆するなどがほとんどである。その他、アルバイトや部活動などの見直し、友人関係なども対象となる。

さて、前節の「目的をつかむ認識力」でも述べたように、筆者の経験から気になるのは、そのような学生は他人の意図が読み込めないことが多い傾向を感じることである。指導教員がそれをどういう意図でいったのか、依頼したのかを、本人はほとんど気にしない。「な

8　誠意ある対応をしているにもかかわらず、すべての責任を教員と学科に押し付けて、理不尽な要求をする学生や保護者もいる。大学段階になると、学生は親の行動を学習し、親を真似て無理な要求をするようになる。「モンスター・ファミリー」である。そのような学生は、信頼関係を信じなく、防御姿勢で人に接しながら、相手の落ち度を収集する。都合が良いところだけを取り出して材料にし、やがてそれが整うと攻撃と要求に転ずる。

ぜ」ということへの推量ができないので、勘違いをすることがよくある。ある程度任されたた仕事を展開するには、相手の意図を理解して、初めて裁量を発揮できるが、彼らにとってはそのような仕事が大の苦手となる。見当違いの判断や方針を出したりする。そして、ライフスタイルが改善してくると、他者の目的を理解することが、次の課題となる。卒業研究の仕事をするようになると、その仕事をどうやってよいか混乱して仕事が進まなくなり、そこに新たな課題が見えてくる。他者を取り入れることが苦手なために、このような混乱が続くことがよく見られる。

ただし、相手の意図の理解が不得意なのだから、他者を取り入れることが苦手、と決定論で考えてしまうのは好ましくない。他者とのかかわりの多い仕事は向かないので避けなさいとアドバイスすることも一つの方法ではあるが、個人心理学の立場からは、その克服を目的論にして努力してみる価値はある。それを援助していくことで、ライフスタイルの改善と信頼関係の構築がつくられていく。

介入の範囲がより広くなる場合が、〝無きにしも非ず〟である。規則正しい生活を実現するには、アルバイトやサークル活動の自粛などを提案する必要もある。部活へのこだわりが強く、そのことがストレスや学生生活を歪めている場合もある。本人にこだわりがあり、それがライフスタイルを歪める原因になっていることにあまり気が付かないケースもある。

ネット依存やゲーム依存も同様である。かつて、パチンコにのめり込み、学業が完全に疎かになっている学生がいた。卒業研究をするか、パチンコを取るかの二者択一を迫ったら、即パチンコを選択し、研究室には来ずパチンコ三昧の毎日となった。その学生はある日、自分が何者かという気持が突然わき起こり、平衡感覚を失って起き上がれず、這うようにして帰省した。その後、カウンセリングを受けてパチンコをやめ、卒業研究をするようになったら、見違えるように成長した。

いずれにしても学生本人の思想信条、良心の自由を守りつつ、より良い生活のための助言を粘り強く指導するように心がけなければならない。教員の学生指導には強制力がないし、強制力で解釈を変えることはできない。粘り強い指導以外に方法はない。しかも、指導とは対話でしかない。その対話の内容は、必要な知識と学生の行動・解釈の分析である。残念ながら、学生の幸せを心から願っている指導や働きかけを、悪意があると解釈される場合もある。それも仕方のないことであると覚悟を決めているから、介入しているわけである。学生がそのような誤った解釈をしているうちは、改善は期待できないし、それだけ人への信頼を信じていない人間であることを示唆している。

前述のように、真面目に卒業研究をしている研究室や指導教員に対して「おまえの研究室は異常だ」と余計な忠告をする友人に囲まれている学生の改善は芳しくない。なかには、今日は研究室に行かないほうがよいと逆に介入される例もある。そのように考えると、交友関係はライフスタイルの改善に重要な影響を及ぼしている。

友人関係についても、どのように見て、どう解釈すべきかを学生自信がよく考えるように指導しなければならない。お互いが人間として成長するような関係、互いの幸福につながる関係でなければ意味を持たない。学業が疎かになり、授業に出席できないような人間関係や組織は、どう無理をしても正当化できない[9]。ライフスタイルを改善するなかで、友人に対する見方も変わるものである。卒業時に「この研究室に来て気が付いたら友達がいなくなりました」と、学生にいわれたことがあった。その学生は、問題のある交友関係が多かったが、本人が人間的に成長をする過程で、友人の見方が変わってきた結果、困った友人が減ったわけである。

真の勇気付け

規則正しい生活を確立し、回避していた学業に向き合うようにすることは、大変な苦労を伴う。粘り強い指導といっても、こちらにも心労が溜まる。これは、本人としても同じである。少しずつ克服してくることもあるが、一歩前進二歩後退の繰り返しである。「しっかりやれ、強い意志を持って頑張れ」という精神論と、「君ならやれる、期待している」という激励ではあまり意味がない。指導は事実に基づいて、具体的な内容でなければならない。

本人に必要なのは、真の勇気付けではないだろうか。子ども段階ならば励ましも有効で意味を持つが、二〇歳を過ぎた学生が、褒められたり励まされて、課題の克服に向かうモデルでは不十分である。「真の勇気付け」とは、学生自身が自分のライフスタイルや現状に目を向けて、自分で考えるように指導することと思う。彼らの成長に必要なことは、考えることに尽きる。あまりにも何も考えず、考えることを避けてきた結果がこうなのだから、微に入り細に入り考えることの大切さを徹底的に教えることしかないのではないだろうか。先のこともほとんど考えていないし、成り行きに任せている自分を省みて、先のことを考えてみると、目標を持つようになる。目標が持てれば、方法も考えるようになる。

9　最悪の例は、カルト集団に誘われて虜になる学生である。このような場合は、介入も相当慎重かつ組織的にしないと被害が大きいし、救い出すことは一筋縄ではいかない。マインドコントロールされているので、専門的な知識と経験を持つ人の助力も必要となる。いずれにしても、学業を疎かにするような団体や組織は注意しなければならない。

自分で考えた目標に従い行動すれば、達成感も人間としての成長も見えてくる。「今度はしっかりやって単位を取ります」と、学生はよくいう。「今度は頑張って勉強したまえ」という心情的応援では、学生を救えない。本人の現在の力量、前回はなぜ単位が取れなかったのか、その原因を克服するために何をすればよいのか、…。解決のためにはたくさんの項目について考えなければならない。しかも、事実に基づいて科学的に分析して方針を立てなくてはならない。彼らが課題を克服するのに役立つものが、真の勇気付けである。

授業に行くのがだんだん嫌になり、やがて講義で顔を見なくなると、学業からの回避は加速する傾向がある。自分の目標が曖昧になると、目の前の困難に立ち向かうことをしなくなる。これで事態が解決に向かわないことはわかっている。回避している学生は、自分には能力がないという解釈が強まっている段階である。その結果、課題を乗り越えられないものと規定する。やっても無駄だと思ってしまう。ゆえに、授業に足が向かない、行けないと思い、改善どころか悪い方向へと自ら導いてしまう。これでは何も解決しないことをしっかり認識することが、まず第一歩である。

小さい頃から褒められ、励まされて優越感を目当てに育ってきた人間は、良い成績でなかったとき、学ぶ意欲を失ってしまう。障害に直面したときに弱さが露呈することになる。

本来は、学ぶことそのものに意味があり、喜びを感じるはずである。働き手になれば給与も必要であるが、自分の職務そのものに価値や生きがいを見出さなくてはならない。

「こころ」が人生の意義を見出すところまで高まれば、自ずと勇気付けがなされ、辛抱強さも出てくる。「やればできる」「成せばなる」[10]の前に、自分の課題を克服できるように、課題を整理して目標と方法を考えると、自分でも課題が達成できることがわかる。これが勇気付けである。そのようにして、「こころ」は、やっと課題を解決できると解釈できるようになる。この根底には、常にライフスタイルと解釈を見直して、自分の可能性を見つけること、自分と向き合うことを位置付けるように指導することが肝要である。

人間的成長

これまでの粘り強い指導がある程度功を奏してくると、学生にも成長が見られる。内面の発達が見られると、規則正しい生活もできるような兆しが出てくる。ライフスタイルが単調に直線的に改善するなら何の心配もないが、大概は周期的な振舞いをすることが多い。

10　上杉鷹山「成せばなる　成さねばならぬ　何事も　成らぬは人の　成さぬ成けり」（上杉鷹山書状の読み下しから）

依存症では「渇望期」といい、やめていたアルコールや薬物に手を出すようになる。このことを「スリップ」ともいう。スリップしたことを厳しく責めても効果がない。スリップしたけれど、また頑張ろうと再起を期すしかない。それだけライフスタイルを変えることは難しい。他の病気でも、ライフスタイルを変えなければならない病気は治療が難しい。スリップしたことを自ら認め、そうならないようにどのような手立てを取るのかを考えることが大切である。

学業に困難を抱えた学生においても、同様の渇望期が出てくる。毎日、研究室に向かうのが妙に辛くなり、どうでもいいやとキャンセルしてしまう。しかも、何をするわけでもないので、動画、ゲームやネットサーフィンなどで無為な一日を送るだけである。なぜ欠席してしまったのか、理由もなく、説明もつかない。このような欠席が実によくある。他者を受け入れられず、自己中心的に振る舞いたくなる。しかし、それをすることの気まずさも感じるようになる。一日の欠席が二日、三日となり、四日目に研究室に「済みませんでした」と顔を出すようになる。

先にも述べたように、教員が一番迷うのは、このときに携帯やメールで呼び出すか否かである。初期の頃は、ある程度呼出しも必要である。規則正しい生活がある程度できるようになっているのであれば、呼出しを控えることもある。これは、状況によりけりであり、画一的に決めることはできない。これまでの経験では、メールや携帯電話で解決に結び付いたことはない。

ある学生は、ようやく規則正しい生活ができるようになったにもかかわらず、欠席が続き、突然やって来て「今度欠席したら退学勧告してください」という。今度欠席したら退学勧告する約束を交わすことで、プレッシャーがかかり、規則正しい生活になる効果があれば、いくらでも約束を交わすが、果たしてその効果はあるのかと逆に問いを投げかけた。その効果はないのである。役に立たない約束はしないほうがよいと諭した。スリップすることの無意味さに気が付くことが学びである。つい面倒くさくなり、勝手気ままにしたくなり、信頼関係を壊すことが平気になってしまう。この葛藤を抜け出られないところに、この問題の難しさがある。

いずれにしても、この種の問題は学生自身が成長することで解決するのであり、それ以外の解決の道はない。人間的な成長を課題として、本人と関係する人たちが共通認識を持つことが大切である。

指導する側は、学生の様子を客観的に理解できるかが重要である。なぜならば、指導教員は第三者ではなく、無断欠席や約束を反故にされた二者であり、ある意味では被害者なのである。教員の指導がなぜ難しいかの本質がここにある。つまり、指導教員は本人を理解するために一者になり、学生と対話するための二者になり、さらに問題を客観的に分析する三者にもならなければならない。学生が課題を克服していくためには、このような指導教員が必要である。しかしながら、研究と教育に加え、しかも安月給ではやっていられないと、大学教員の嘆きが聞こえてくる。大半の教員は、このような学生に陰性感情を持つので、学生への介入(解決)に乗り出すことは難しい。今後、このような若者や国民が増えるのであれば、学校・職場・行政などで社会的に対応する方策を考える必要があるかもしれない。

それでは、これまで述べたような指導が、保健管理センターや相談窓口のカウンセラーで対応解決できるのであろうか。カウンセラーはあくまでも、初期の対応と相談に乗り、面接をしたとしてもどこかで関係する学科や指導教員への橋渡しをすることになる。相談室の職員が一者から三者まで、その時々に合わせて一貫した対応をすることはできない。教員ですらそこまでやる責任はない。また、教員についての当該学生からの相談は往々にして教員側の問題として扱われることから、本人のライフスタイルを改善するという最も重要な課題が抜け落ちることが多い。

国に目を転じると、財務省や文科省は国立大学運営交付金を毎年減額し、大学は教員数減の改革を評価される始末である。教員はますます忙しく、競争を勝ち抜いて外部資金を獲得しなければ、研究室も学科の教育も細ってしまう。これが現実である。教員は教育研究上の責任を負っているが、学生に介入する指導は、教員としての職務範囲を超えている。そこまで要求されれば、迷惑と受け止めることは一理も二理もあるのである。

魔の長期休暇

ようやく規則正しい生活ができるようになったと安心していると、年末年始、ゴールデンウィーク、夏期休暇などの長期休暇がやってくる。また、指導教員が国際会議などの海外出張になると、一週間くらいは研究室を留守にすることもある。せっかく規則正しい生活を続けていた学生も、このような長期休暇でつまずくことも多い。まさに、「魔の長期休暇」である。

休暇三日目くらいになると、規則正しい生活は簡単に狂い始める。夕方研究室に来て明け方まで仕事をしたりすることもある。連休が明けの朝になると、大学に登校する気持は完全に萎えてしまい、研究室に足が向かない。そのようなときは、指導教員がメールを出しても返事はないし、呼出しの電話に出ることもない。しかしながら、必修の授業には出席する不思議な行動も見られる。何日か休み続けた後で、研究室に顔を出すことになる。

その間の心境を本人に尋ねると、自分でもまずいと思いながらも、規則正しい生活に制御できないもどかしい心境になっている。そのうちに休みの日が続くに従い、研究室に登校すると怒られるのではないかと、勝手に想像して登校をためらってしまう。しかし、それを吹っ切ってようやく登校したとのことである。本人に、「登校して叱られたか」と尋ねると「そうではありませんでした」と答が返ってくる。幼稚な理由付けで、当たり前の登校を渋る姿を見て取ることができる。

たとえば、このような状況をアルコール依存症に対比して考えてみる。アルコールを断っていたにもかかわらず、「そう堅いことをいわず、一杯くらいは良いではありませんか」と勧められ、飲酒したのを機に一杯が二杯となりスリップしてしまい、止まらなくなり、いとも簡単に酒浸りの生活に戻ってしまう。このように「スリップ」とは、滑ることではなく、自らの制御が効かなくなってしまうことと理解するのがふさわしい。

依存症の人は、その制御不能の自分を正当化するために、理由にならない理由付けをする特徴がある。アルコール依存症の人であれば「巨人が勝ったから飲む」「今日は満月だから飲む」など、何でも飲酒の理由にしてしまう。ギャンブル依存症の人は、借金を返すために、さらにギャンブルをしなければならないと真剣に考えるようになる。

学業を回避する学生の行動と依存症の特徴的行動とを比較するとよく似ている。三日くらいの休みが続くと、かつての不規則な生活に舞い戻ってしまい抜け出せない。自分で生活をコントロールできなくなる。普通の人であれば、長期休暇で楽しんだ後で、仕事へ元気に復帰するが、このような学生はそれができない。こちらは叱ることをしないにもかかわらず、「指導教員に叱られる」と勝手な言い訳を考えて休みを繰り返す。彼らの長期休暇は、依存症の人がスリップするのと同じパターンがあるのではないだろうか。長期休暇については、休日であっても規則正しい生活を心がける努力をしないと、制御を失ってしまう危険がある。

笠原は『アパシー・シンドローム』のなかで、サラリーマンの患者に休職の診断書を出す際に、休職中であっても規則正しい生活を心がけ、できれば毎日近くの図書館に通うなどの工夫をするように勧めている。長期休暇で生活の制御できなくなる学生にも、同様の工夫があれば、「魔の長期休暇」を防ぐことができる。

依存症の怖さの一つに、それを長期に続けることでストレスに弱くなり、当たり前にできたことができなくなってしまうことがある。何かをきっかけに休んでしまった学生は、欠席を続ける傾向がある。それが長期間になると、より精神退却が生じて、朝になったら起床し授業に出席するという当たり前のことすらできなくなるのもよく似ている。

心の置き場所

もう一つ、大切なことを記しておきたい。大きくライフスタイルを変えなければならなかった学生は、大学生活の節目において、スリップとはまた違う精神状態を示す。私は、それを「心の置き場所がなくなる」と表現している。たとえば、四年間一貫してスポーツに打ち込んできた仲間たちと一線を画して、ライフスタイルを変えざるを得なかった学生の心情を考えてみよう。

卒業も間近になり、インカレ最後の試合に臨み、完全燃焼し、その後で打上げをする。まさに充実した学生生活であり、それを謳歌している。彼らは学業も面白いし、しっかり学んでいる。就職もすでに内定を貰い、卒業後の新しい人生が待っている。夢と希望が溢れている。申し分のない学生生活である。これと対照的に学業は芳しくなく、不本意ながら部活動を中断した学生は、仲間のためにインカレ最後の試合の応援に行き、羨ましさを感じる。

打上げに参加して仲間と酒を酌み交わす。話は盛り上がり、楽しく時を過ごすが、あらゆるものが不完全燃焼である。就職も決まっていないし、授業や卒業研究も充実などしていない。打上げの後、いいようのない虚しさがこみ上げてくる。これで本当に良かったのであろうかと、疑問がわいてくる。

翌朝、いつも登校する本人がいない、昼近くになっても登校しないので、研究室では皆心配して、アパートに行ってみると部屋のなかで携帯が鳴っている。これは何かあると思い、大家さんに頼んで部屋を開けると、逃避行の気配を感じる。研究室や部活動の仲間が手分けして心当たりを探してみるが、行方がわからない。

電話で連絡を受けた親御さんが夜にはアパートに駆け付ける。部屋を探してみると、書き置きの下書きのようなものが出てきて、関係者の不安は一気に高まる。指導教員は、明日の朝まで待って捜索願を出してはいかがでしょうと、アドバイスする。ご両親は心配あぐねて、とうとう深夜になってやはり捜索願を出したいという。そうして最寄りの警察署に行こうとしたところで、ひょっこり本人が帰ってくる。

翌日、本人から様子を聞くと、どこか遠くに行きたくなり、いろいろなものを整理して携帯もアパートに置いたまま、コンビニのATMで現金を引き出して、長距離バスの乗り場に行ったが、関西行きは深夜便しかなく、仕方なく夜まで繁華街を当てもなく彷徨ったという。

彼は部活動にのめり込み、学業が疎かになったライフスタイルから、学業のことを考えて新たなライフスタイルへと移行する過程にいた。このように、過去のライフスタイルから新たなライフスタイルへ移行するとき、新しいライフスタイルはまだ自分に馴染んでおらず違和感がある。他方、過去のライフスタイルに懐かしさを感じる。たとえていえば、故郷を離れて都会に働きに出た若者が、辛い毎日のなかで、ふと故郷を思い出して懐かしくなる気持であろう。このような心境を「心の置き場所がない」と表現している。「心の置き場所がない」気持を乗り越えて、都会に出た若者は、大人になっていったのである。

「心の置き場所がない」心境に陥る場面はいくつもある。周囲の学生が就職の内定が決まる頃、卒業研究を終えて追い出しコンパの時期などである。希望で胸が膨らんでいる仲間たちがいる一方で、留年が確定し、先が見えず何も手に付いていない自分を対比させると、何となく勇気がくじかれてしまう。周りと同じと思い込んでいたのに、それが思い違いであることに気付かされるとき、心の置き場所を変えなくてはならない。

「心の置き場所がない」心境のときに、今まで努力して築き始めた新たなライフスタイルがぐらついて、大きな穴を開けてしまうことがある。一日の欠席が、気が付けば一週間にもなり、連絡が来てもそれに応答しない。あっという間に、一年前の自分に戻ってしまう。復帰できれば、きっとうまくやれるような気もするが、そこから崩れる学生もいる。気まずくなり、四日後に登校した学生にどうして欠席したのか尋ねると、本人も欠席した理由がよくわからない。このようなことが、大学生活の節目で顕著に現われる。

学生たちは、このようなことを何度も繰り返して、少しずつ正しいライフスタイルを身に付けていくのである。ライフスタイルが形づくられてくると、人間的成長も見られるようになる。学生を指導する側としては心配な学生に対して、「心の置き場所がない」状態に陥りやすい時期を見計らい、こちらは先回りをして、忘年会や卒業研究の発表会、卒業式の頃、自分の心の置き場所がなくなり、今までの努力が崩れ、元の生活に戻る危険もあることを説明して、予防対策としている。

いずれにしても、退却神経症的な症状を持ち、学業を回避してきた学生が、自分を見つめ直し、正気に戻りたいと、他者を受け入れ、規則正しい生活を通して自我を形成するようになるまでは、長い時間を要する。経験から見ても早くて一年以上かかる。大学三年時にターニングポイントがあれば、四年で卒業する見込みがあるが、卒業研究を始めてから自覚するようなら、卒業に五年を要する。

学業に問題を抱えた学生であっても必ず回復できるという解釈が、私たちの「こころ」にも必要である。そして、社会人として働くために必要なライフスタイルは、何度もつまずきを繰り返しながら、長い月日をかけて少しずつ変化するものであるということを理解しなければならない。

信頼関係

本書で述べていることは、大学教員の本務かと疑問もないわけでもない。大学の研究室は、診察室やカウンセリングルームではなく、学問の府として学ぶ場である。学業に困難を抱えた学生のライフスタイルを改善する支援の在り方をどのように捉えるかで、支援者の解釈も変わってくるのではないだろうか。

草や木に成長の法則があるように、人間にも発達の法則がある。しかも、人間の発達には環境だけでなく、人間関係、言語、社会、自然、スポーツから芸術に至る幅広い学習が必要となる。その根幹をなす学問は最も人間的営みであり、不断に変化・発展している。大学での青春をなぜ選ぶかは、一人一人の学生で異なるかもしれないが、学問というものは、物事の根源に遡り、根源から組み立てる共通点を持っている。

四年間の大学生活で学問に裏付けられた自らの理想をつかみ、知的トレーニングを経て社会に巣立って行くことが、大学教育の役割であることに疑いの余地はない。そこに、青年期を大学で過ごす真の価値がある。これが、大学の「共同体感覚」である。問題を抱えた学生であっても、「こころ」に大学としての共同体感覚を備えられれば、次の人生のステージが待っているものと思う。

大学教育における信頼関係は、病院で患者のケアをする医者と患者の関係ではなく、大学でともに学問を教え学ぶという関係からしかつくることはできない。すなわち、大学教育は学問に依拠して成り立っている。大学における学生との信頼関係は、専門科目の授業および卒業研究を疎かにしたところに成立しない。ゆえに、学問に軸足がない教員は、学生の研究指導に無関心となり、学生の教育研究の指導意欲は低くなる。それでは、学業を回避せず学ぼうとする学生を育てることはできない。厳しさは信頼関係の現われでもある。学問の探究から生まれる信頼関係のなかに、これまで述べてきた粘り強い支援が統一されている。

とりあえず学問の探究は置いておき、甘く優しくという発想もないわけではない。優しく接することで好意的な人間関係を形成することも可能である。そのような研究室をつくることもできるが、単純に受容するわけにはいかない。甘やかしで、しばらくは好ましい状況をつくれるかもしれないが、根本的には何も変わっていないので、優しくするのをやめると、以前より悪い結果となる。それでは、卒業研究の難しい局面や大事なところで、学生はくじけることになる。

この世に人間として生を受け、幸福を追求することは人間の権利である。誰もが教育を受け、成長することが保障される社会が理想である。もしも教員が学生教育の理想を忘れたら、学生は道に迷うことになる。敢えていえば、学問に依拠しながら大学教育の経験を積むことで、学業に困難を抱えた学生の支援ができるようになるのも、大学教員としての成長なのかもしれない。

親の力の限界

本章の最後に、保護者との関係について整理しておきたい。放置できない学生については、学生本人の親と面談することになる。学生との対応について、これまでも保護者と話をしてきたが、保護者は千差万別である。こちらの話に耳を傾けてもらえる両親もいれば、最初から教員に悪意を持ってやって来る親もいる。母親、父親が別々にやって来て、互いの相手への不平を聞かされる場合もある。

大学教員が保護者と会う目的は、当該学生が問題を抱えており、その課題と理解を共有したいという一心である。それ以外の何ものでもない。保護者の心中を察すると大学教員としても辛いものがあり、できれば面談などしないで済ませたいのが本音である。敢えて保護者とお会いして話をするのは、少しでも良い方向に向かう何らかの契機を見つけたいと思うからである。保護者がそのことを理解していれば、面談は相当に役立つことと思う。

保護者の理解と協力が得られた場合は、本人のライフスタイルが改善して良い方向に向かうことが多かった。

保護者は学生本人からの情報しかないので、大学での生活や学習についての保護者の理解とこちらの理解では大きく食い違うことはよくある。学生から都合の良い話と教員の悪口ばかりを聞かされている親であれば、先入観を持つのも当たり前である。そのような場合、呼び出されて面談をしても話がかみ合わないことも多く、リスクも伴う。両者が誠意を持って信頼を大切にして、腹を割って話し合う心構えは何よりも重要となる。相手を非難しても何の解決にもならないし、大切な味方を互いに失うだけであり、学生本人の利益にもならない。

事実の理解と共有ができて、当面の方向性が決まれば、あまり先のことを考えても仕方がない。親も教員も、大学生として今日一日を無難に生活することを喜びと感じることしかない。親御さんも相当に心労が溜まっているならば、まずはそのストレスから解放されて、とにかく自分たちの充実した楽しい生活を考えることも大切である。誰もが親として、これまで一生懸命に子育てをしてきた。しかし、子どもが二〇歳を過ぎれば、すでに親の力ではどうにもならないことにも気が付く。親がいくら説教をしたり叱ってみても、解決には至らないことが多いのではないだろうか。これまで、たくさん手を尽くしてきたはずである。

学生が二〇歳を越えているならば少年の時代はすでに過ぎて、自ら他者の支援を求めながら生きるステージにいる。学生は、すでに保護者の力の及ぶところにはいない。この際、自分の子どもを他者に委ねてはいかがであろうか。とりあえずは、本人も同意するのであれば、大学の教員に任せてみるのも一案である。ただし、そのような奇特な教員がいればの話である。そう考えると、大学教員から面談の連絡がきたということは、実は大変幸運なことでもあると解釈すればよいと思う。

こちらも保護者から信頼して任されるならば、学生への指導が非常に楽になる。逆に、保護者から信頼されなければ、介入はできない。学生が、教員の指導により少しでも自ら規則的な生活を目指すようになったならば、とても素晴らしいことである。それは、何物にも代えがたい成果であり、その先にはたくさんの夢と希望がある。そして、「こころ」を改善して成長する主体は、あくまでも学生本人であり、親も教員も脇役にしかならない。幾多の困難を克服する力は学生自身の力であり、その彼らの力が、これからの人生を切り拓く原動力になる。

参考図書

個人心理学関連

第一次世界大戦を前後して、オーストリア・ハンガリー帝国は中欧の中軸から小国に転落し、六五〇年のハプスブルク帝国は崩壊した。食料は逼迫し、伝染病が流行しても医薬品もない。首都ウィーンは、経済の荒廃と道徳の堕落、犯罪の増大した街と化した。このようななかで、一九一五年に社会民主党がウィーンの選挙に勝利し、実権を握った。労働者のためのアパート建設、無料診療所の設置、学校、社会施設の充実を進めた。これが、「赤いウィーン」と呼ばれる革新市政である。文部大臣のオットー・グレッケルは、教科書の無料配布、学生、教師のための図書館の整備などを進めた。

一九一九年、アルフレッド・アドラーは無料の児童相談所を設置して教師からクラスの生徒の相談を受け、さらに教師の前で生徒と親のカウンセリングを行なった。やがて、これが評判となり、個人心理学に通じた精神科医、心理学者による治療チームが週一、二回、学校を訪問するようになる。

ウィーンの教育改革で、子どもに強制しないで教育することを教師に研修する政策を提案し、その研修をウィーン大学に要望するが、ウィーン大学は「大学で授業を受けた教師は必要ない」として、それを拒否する。そこで、ウィーン市は独自の教育研究所を設置し、教員の研修と養成をすることになる。一九二四年に、その研究所の教授としてアドラーは採用される。やがて、一九二七年にはウィーン市は同教育研究所を卒業した教員を採用するようになる。

アドラーが唱えた個人心理学は、このような背景から生まれてきた。本書では、個人心理学を基礎にして、問題を抱えた学生の支援を考えた。本書の随所に、アドラーの心理学を参考・引用させていただいた。

・アルフレッド・アドラー著・岸見一郎訳／『教育困難な子どもたち』（アルテ　二〇〇八年）
・アルフレッド・アドラー著・岸見一郎訳／『子どもの教育』（アルテ　二〇一四年）
・アルフレッド・アドラー著・岸見一郎訳／『人生の意味の哲学（上・下）』（アルテ　二〇一〇年）
・岸見一郎／『アドラー心理学入門』（ＫＫベストセラーズ　一九九九年）

退却神経症関連

・笠原　嘉／『アパシー・シンドローム』（岩波書店　二〇〇二年）
・笠原　嘉／『新・精神科医のノート』（みすず書房　二〇〇六年）
・大倉得史／『拡散』（ミネルヴァ書房　二〇〇二年）
・土井健郎／『「甘え」の構造』（弘文堂　二〇〇七年）
・小此木啓吾／『モラトリアム人間の時代』（中公文庫　一九八一年）

依存症関連

・近藤恒夫／『薬物依存を超えて―回復と再生へのプログラム』（海拓舎　二〇〇〇年）
・近藤恒夫／『拘置所のタンポポ』（双葉社　二〇〇九年）
・近藤恒夫／『真冬のタンポポ』（双葉社　二〇一八年）
・岩井喜代仁／『大丈夫。人は必ず生まれ変われる』（文藝春秋　二〇〇五年）
・岩井喜代仁／『わが魂は仲間とともに　薬物依存回復施設　茨城ダルクの20年』（どう出版　二〇一二年）
・飯室　勉／『放蕩息子―ある薬物依存者の記憶』（仙台ダルク・グループ出版二〇一〇年）

・斉藤章佳／『男が痴漢になる理由』（イースト・プレス　二〇一七年）
・信田さよ子／『依存症』（文藝春秋　二〇〇〇年）
・信田さよ子／『依存症臨床論』（青土社　二〇一四年）
・成瀬暢也／『アルコール依存症治療革命』（中外医学社　二〇一七年）
・和田　清／『依存性薬物と乱用・依存・中毒―時代の狭間を見つめて』（星和書店　二〇〇〇年）
・田中紀子／『ギャンブル依存症』（角川新書　二〇一五年）

その他

・ルソー著・今野一雄訳／『エミール（上・中・下）』（岩波文庫　一九八五年）
・西田公昭／『マインド・コントロールとは何か』（紀伊國屋書店　一九九五年）
・福田ますみ／『モンスターマザー』（新潮社　二〇一六年）
・池田　潔／『自由と規律―イギリスの学校生活』（岩波新書　一九六三年）
・佐々木正美・梅永雄二監修／『大学生の発達障害』（講談社　二〇一〇年）

跋 — 七転八起

本書で述べたような問題を抱えた学生が、年々増えているように感じる。大学教員は、ともすると卒業研究の指導に加え、そのような学生への対応に苦慮することも多いのではないだろうか。その原因の一つは、大学教育以前の準備がされていない若者が増えていることがある。基礎的学力はもちろんのことであるが、人間的面では、他者を取り入れることができ、自我が形成され、これからどのようなことが起こるのかを予測できることが必要である。それができないと、自分の目標と方法を正しく選択できないからである。

他者を取り入れるといっても、周りに同調しているのでは無理がくる。自立して生活し、考えていくことが求められる。そのような準備がないと、大学教育段階で大きな障害に遭遇する。もしかすると、「大学ギャップ」という現象が密かに進行しているのかもしれない。

文科省は大学入試センター試験の見直しと国立大学改革と称して、高校と大学の接続(高大接続)を声高に叫んでいる。しかし、問題は大学入学前の準備ができていないことであり、そのことを幼児教育から高校および大学教育に携わる人たちが気付いているだろうか。学業に問題を抱える学生の姿から、青年期を見通した初等・中等教育の在り方を考えることが必要である。森友学園、加計学園問題などにかかわる政府与党と官僚の見苦しい対応を見ると、国民がしっかりと社会や国の方向を示す時代が来ているように思う。文科省や国大協、とくに大学経営者が、政府のおかしな教育要求ばかりを「忖度」し、大学教育の切実な現状から目を離しているために、大学教育は足下から揺らいでいる。日本の知的国力の衰えに気が付くときには、すでに手遅れになっているはずである。

日本は、明治五年の学制に始まり、一〇〇年以上の長い年月をかけて地道に学問の府である大学を築いてきた。その大学教育を失うことは、国民のかけがえのない無形文化資源を失うことになる。国家百年の計といわれる教育をいう資格のない政治家や官僚から独立して、学問の自由と自治を守る必要がある。

教育研究予算の削減、定員減に加え、新たな負担が増している。大学教員が皆仕方なく外部資金獲得の競争にかり出されれば、学生の教育はますます放置される。その一方で、研究競争からはじき出された教員のなかには、学問探究の意欲が薄れ、学生の教育に意欲を持たない者も増える。競争原理の恐ろしさは、競争によってますます学問が縮小するという意図しない結果を招く。そして、学生が学業を回避する方向が助長される。学生の教育に無関心な教員により、体よく放置された学生は、卒業できれば御の字である。このような見せかけの教育により、学生が社会にスルーすることが横行するようでは、大学の信頼は失われる。

困難に直面している学生諸君には、何度転んでも必ず起き上がれることを信じてほしい。その願いから本書のタイトルを「七転八起」とした次第である。起き上がることを諦めたときに退却が始まる。そして起き上がるためには、自分の無力を痛感して他者の声に耳を傾けることが必要である。そのとき、どうか敲《たた》く扉を間違えないようにしてほしい。学業と自分に向き合う選択をするならば、必ず起き上がれる。

最後に、オフィスＨＡＮＳの辻修二氏には本書の出版の機会を与えていただきました。また、本書の出版にあたり三浦基弘氏に大変お世話になりました。ここに記して深謝致します。

鈴木賢治（すずき・けんじ）

現職　新潟大学教育学部教授
1958年 1 月　宮城県生まれ
1980年 3 月　新潟大学工学部卒業
1985年 6 月　新潟大学教育学部講師
1989年 4 月　新潟大学教育学部助教授
1996年11月　博士（工学）名古屋大学
2004年 4 月　新潟大学教育人間科学部教授
2013年 4 月　新潟大学教育学部長（2017年3月まで）

七転八起　―学びを回避する学生の理解と支援

初版発行　2018年7月18日

著　者　鈴木賢治
発行者　辻　修二
発行所　オフィスHANS
〒150-0012　東京都渋谷区広尾2-9-39
TEL (03) 3400-9611
FAX (03) 3400-9610
E-mail　ofc5hans@m09.alpha-net.ne.jp
振替口座　00110-7-52349

制　作　CAVACH（大谷孝久）
印刷所　シナノ書籍印刷株式会社

ISBN978-4-901794-54-1　C3037　2018 Printed in Japan